陳郁如的旅行風景2 

追日逐光

作者 陳郁如
圖文協力 謝博明 Robert Schafer

推薦文

旅行中的「現場百回」

文／臺中女中地球科學教師劉承珏

日食，是在時間與空間上都難得一見的大戲，身為一個地球科學教師，親自觀察日食似乎是再當然不過的事情。

是，也不是。

去是去了，卻是去得百般猶豫。

作者郁如記錄的那場日全食，當年我的同溫層友人們也是躍躍欲試的準備追日，大家如同書中描述般辛苦的找尋適合的位置，準備著尖端的器材，不斷操練著攝影裝備操作步驟、如同軍事裝檢一般購備硬體。但那陣子的我，卻因為過去累積的工作壓力，突然對我最愛的地球科學失去了胃口，刻意的冷卻自己，沒有專門的準備，訂了機票、訂了隨時可以取消的旅館，因為不能放同行友人鴿子，只能出發。

於是當全食發生的時候，所有的體驗只能基於我的感官之上。當下氣溫的驟降、光影的詭譎、空氣味道的轉換……在記憶中變得異常清晰，如今想起來還是令人顫抖。而出發前嚷著「我不想做功課，也不想跟任何人討論這件事。」的我，在那次旅行之後似乎又點燃了自己的地球科學魂：「我想繼續帶給學生對宇宙萬物的知識與感動！」而當最黑暗的時刻過去，就是生光[1]，那次日食後我又上了一年班，接著就請了一年的假好好休息，如今又是教學現場的一尾活龍。

讀郁如的文字很有共鳴，我和她一樣走過許多地球科學相關的景點；除了郁如上一本旅行風景裡的黃石公園，還有肯亞東非大裂谷、坦尚尼亞吉利馬札羅山、夏威夷大島……，最瘋狂的一站，是跟我的最佳旅伴——老公前往南極度過蜜月。郁如說：「Robert 要做的事都不是捷徑」，我猜我老公也會有一樣的無奈。

每每在世界闖蕩，憑倚著的是自己對於這些重要科學景點的學術熱情，除了欣賞現場的壯闊，從準備功課到現地探索，更多的是可以把真實的自然觀察與課本或是學術論文中的說法逐一對應。

這樣的深度科學旅行，冷冰冰的科學論述與平板的照片，都變成立體的樣貌，混雜著比教科書與課堂中更多元的複雜感官刺激。而除了印證文獻，更多的是推翻文獻。一〇八課綱裡面的探究與實作、素養教學實質內涵，對走在野地的人來說從來不是嶄新的理解或感受。在課程中學到的原則，放入野外或實景中檢證，再從新的資訊收集中產生新的觀點，如同日本刑事劇常提到的優秀的警探能「現場百回」，找到新的案件資訊，而郁如跟我的旅行，也如同在這些大自然的「案發現場」調查，總能找到新的證據與觀點。

也許我們無法常常帶著孩子出遊，但郁如的文字有這樣的能力，帶著我們「現場百回」，引發讀者們對世界的好奇心，娓娓道來，綿密悠長，日食久久才有一次，郁如的文字可以時時刻刻。

希望自己下次也能親自見識郁如筆下那個奇幻的極光天地。

祝福讀者們都能被郁如的文字啟蒙，點燃好奇心，用地球與宇宙的奇妙撫慰性靈。

1：生光發生在食甚之後，太陽光芒慢慢重現。食甚係指日食或月食過程中，太陽被月亮遮蓋最多或月亮被地球陰影遮蓋最多的現象或時刻。

推薦文

藏於書頁裡的天地大美

文／國立中山大學附中地球科學教師謝隆欽

感謝郁如和 Robert，分享他們在北美天地間追日逐光的精采見聞，以及不凡生命中的明心見性，也讓我再重新點開了二〇一七年的日食相簿，溫故知新。

憶起當年與許多熱血的地科好友們在太平洋另一側的追日點滴，心頭仍然悸動不已。雖然各路人馬的行程各自不同，但大夥們都在天文學家預估的那狹長月影帶中認真追尋著，尤其書中圖文並茂的彩繪山丘（Painted Hills），更是相異旅途中，共同看見的難忘景緻。

而在加拿大黃刀鎮的極光之旅，就更是一場如夢似幻的行程。帶電粒子從太陽表面向四面八方逸散而出，在太空中行進一億五千萬公里之後，被地球磁場導引到黃刀鎮上空，翩然幻化成道道光芒；神遊在那燭龍飛舞的穹頂之下，無怪乎被譽為四大天文奇景之一。

懂得看，才看得懂。有些美景俯仰即是，但有些天地大美，就只專屬於懂的人了。讓我們跟著郁如和 Robert 一起追日食，逐極光吧！

推薦文

和陳郁如老師一起旅遊

文／露迷俱樂部版主小露

現在的生活，天天都好緊湊，讓這本《追日逐光》帶著你一起去旅行吧。

陳郁如老師的書總是讓人想一看再看，尤其是《華氏零度》和這本《追日逐光》更是吸引人。這本是陳郁如老師的第二本旅遊書，裡面擁有著豐富的照片和有趣又生動的解說，以及陳郁如老師和她先生的日常對談，一看這本書，就好像那書中的風景在我眼前，徐風吹過我耳邊，寫得好是生動。

這本書不只可以當圖文書來看，也可以把它當成旅遊指南來閱讀，像我就是把它當成一本比較不像旅遊書的旅遊書來閱讀。拿到這本書，趕快翻開書頁，將整顆心都跳進裡頭吧。展開雙翼，和陳郁如老師一起飛到國外去旅行，暫時把工作的事擱在旁邊，放下心中的大石。

人生就是應該要像平原一樣，有著無限的可能，像星空一樣，沒有邊際。想要看到極光，又不想出門，那就看看這本《追日逐光》，作者會如何安排她的旅行。

閉上你的眼睛，試著想想看，如果是你，你要怎麼樣安排這趟旅行呢？還是隨著老天的安排，走到哪，玩到哪呢？

第一部

追日

夸父與日逐走，入日；渴，欲得飲，飲于河、渭；河、渭不足，北飲大澤。未至，道渴而死。棄其杖，化為鄧林。——《山海經》

這是《山海經》裡，夸父追日的其中一個版本，遠古時期的傳說跟現代媒體報導一樣，都有很多版本，不是每一個都足以採信，但是也不代表我們要全盤否認。換個角度想，這證明世間的事情有許多面向，我們可以去蕪存菁，從中找到啟發自己的部分。

我很喜歡這個「追日」的版本，簡單的敘述，沒有評論。夸父追著太陽跑，來到烈日之下，非常乾渴，需要喝水。他喝了黃河、渭河兩大河川，卻還是不夠，就往北想去喝大湖的水，只是他還沒走到，就在路上渴死了，他遺留下來的木杖化為一片桃林。

現代年輕人追星，遠古人比較豪氣，追的是太陽。不過豪氣也是傻氣，居然追到自己渴死了。想想，我跟 Robert 的旅行常常也是這樣帶著傻氣。為了達成心裡的一個目標，一個夢想，一份美感，然後不顧一切，大無畏的努力奔去。

沒有目的地的旅行

當 Robert 告訴我，美國二〇一七年八月將發生日全食，我就知道我們一定會去看。他不僅對地質有研究，對天文也有極大的興趣，我第一次看流星雨就是他帶我去沙漠露營，晚上接近攝氏零度的沙漠曠野，熬夜裹著棉被，數星星墜落，是一次難忘的經驗。這次的日全食在美國是一件大事，很多天文愛好者很早就提前計劃，新聞也大肆報導。

日全食是發生在新月的時候一種天文現象，當月亮來到太陽跟地球之間，它投射在地球上的陰影完全遮住太陽，讓太陽在我們的視野中短暫消失。

不論古今中外，人類對於日食都有莫名的恐懼，中國古代說是「天狗吃日」，有趣的是，其他埃及、印度、非洲等民族也有某種動物吃掉太陽的傳說。所以古時候發生日食，大家都會敲鑼打鼓，企圖嚇走那隻該死的天狗，而皇帝更是戒慎恐懼，擔心自己有失德的地方，會「著素服，避正殿」。唉，真是想太多了，皇上失德的時候豈只有一年兩、三次？一次兩、三分鐘？人類真的是愛穿鑿附會的生物，不管是星辰日月，自有它們運行的腳步。

到了現代，我們知道日食發生的原理，不會過度恐慌，不過當月亮遮蔽住太陽，那美麗的圓形倩（陰）影投射在地球上時，還是讓凡夫俗子們心動雀躍，甘心苦苦追尋。人類對於剎那間的驚豔還是多過於不變的永恆。

但是那是什麼樣的景象？我們真的可以用肉眼觀測到月亮的陰影一點點把太陽遮住嗎？大地真的會一下子變暗嗎？會有多暗？像黑夜那麼暗嗎？我沒見過，Robert 也沒見過，這次日全食就在美國，我們一定得把握機會。

很多人沒見過日全食，但是事實上，日全食並非鮮少發生，平均大約十八個月發生一次，但是能在美國本土出現的日全食就不是那麼頻繁了。這次日全食維持的時間不僅最長超過兩分鐘，而且還橫跨美國本土，從東岸到西岸，規模不小，日食帶上的飯店旅館很早就被高價訂滿了，以 Robert 刻苦節儉的個性，當然不在考慮之中，只是要選擇何處作為我們露營的地方，學問可大了。

「我們預計什麼時候去看日食？要去哪裡看？」我看著月曆對 Robert 說，「八月二十一日是星期一，是不是要提早幾天出發？」

「其實我是這樣想的……」我看他沉吟，心中感覺不妙，「我們在出發看日食之前，先另外安排一次行程，勘查地形，尋找觀測日食的最佳地點。」

不會吧？為了看日食，得要旅行兩次？有沒有這麼慎重啊？

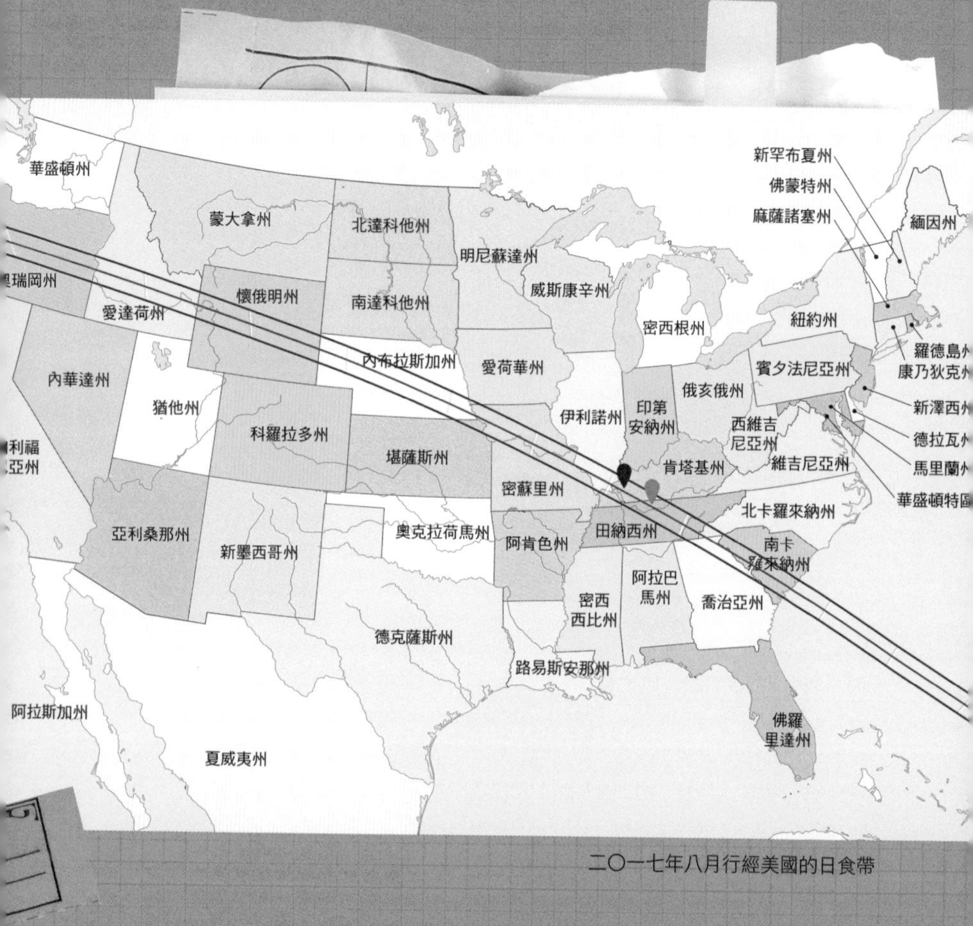

二〇一七年八月行經美國的日食帶

他指著地圖跟我分析，「我們住西岸，所以重點在奧瑞岡州、愛達荷州、懷俄明州，這三個州日食的路徑帶。我們沿著這區域，一邊旅遊一邊尋找合適的地點。然後在日食的前一個星期，我們就直接去那裡，提前占位置露營。據說那天會有上萬人湧進日食帶經過的城鎮，不僅當地的飯店都被訂滿，露營區也一位難求，我想找個特別的地方，所以最好先去勘查地形。」

「怎樣特別的地方？」我忍不住皺著眉頭問。他又有什麼出人意料的想法？

「我不知道……」他看我快翻臉了，趕快補充，「我想待在野外，人越少越好，我不想跟一大群人站在路邊看日食。而且那個地方，日全食維持時間至少要超過兩分鐘。」

這次的日食，其實全美國都可以看到，但是除了日全食帶以外的地區，都只能看到日偏食，即使在日食帶上，也有時間上的差別，越靠近中心的位置看到的日全食時間越久，最長可以達到兩分四十秒。

我在心裡默默嘆口氣。Robert 要做的事都不是捷徑，比如，想欣賞海裡的魚，不會到水族館隔著玻璃看，一定要潛進海裡與魚共游，近距離觀察拍照；想要欣賞冬天的國家公園，不會只訂公園內的飯店，一定要雪地露營，直接體驗零下低溫的生活。換言之，Robert 想像中的日食觀測，絕對不是前往某個地點，仰望天空那麼簡單。他要在野外找到非人氣景點，而且還要在正式行程之前安排一趟尋訪的旅行。在一般人眼裡，或許會覺得我們浪費好多時間跟精力去做一件可以簡單做到的事，但是過程中獲得的體驗對我們來說是很重要的，這些經歷和見聞，都會帶來莫大的感動跟啟發。

就這樣，為了八月二十一日的日食，我們在七月二十四日出發，先做一趟沒有目的地，為了下次探險而彩排的探路旅行。

冰與火的淬鍊

為了尋找最佳觀賞日食的地點，我們展開了旅程。Robert 喜歡研究地質，對於地熱造成的地層變動、溫泉現象都很感興趣，剛好這次的行程和西部的日食帶都落在這些地質變化的地區，讓我們得以好好觀察，感受大地的力量，其中一個景點是位於加州猛瑪山的魔鬼岩柱堆（Devil's Post Pile）。

這是一個被冰火打造的奇景。為什麼這麼說？這些高大的石柱聳立在優勝美地國家公園的外圍山上，大約十八公尺高，節理分明，石柱平均直徑六十公分，大部分是六角稜柱，也有五角或四角柱。這些石柱形成的原因，是在十萬年前火山爆發時，大量的熔岩噴發到此處，因為熔漿成分非常一致，而且在緩慢的冷卻過程中，經過收縮、碎裂，才形成現在我們所看到一根根如巨木般整齊排列的柱狀玄武岩。

魔鬼岩柱堆（Devil's Post Pile）

除了火的淬鍊，這些石頭還曾面臨冰河時期的運動。一萬五千年前，冰河從這些石柱上方經過，磨蝕過石柱頂部，我們爬到這些柱狀玄武岩的上面，可以清楚看到磨平成像是六角石頭地板的冰河遺跡。

看到這些擁有悠遠歷史的地質現象，再和人的生命長度比較，有種難以相呼應的感覺。人的一生有多長？就算一百年，一百年的生命中，累積了數不清的經驗和記憶，有歡樂的喜悅，也有銘心的痛苦，但對一塊石頭來說，可能連冷卻的時間都不夠。但即使這些魔鬼岩柱通過千萬年的炙火和冰河的試煉，卻差點逃不過人類的貪念。

過去這些魔鬼岩柱堆曾被規劃在優勝美地國家公園範圍，國家公園的機制像一支保護傘，保護這些土地不受侵害，但是這樣一來，阻撓了礦場和林木業者的財路，於是在國會的推動下，脫離國家公園，改由國家森林局管理，也就是如果有開發案，還是可以發通行證。

千千萬萬年過去，冰河已經融化，但是魔鬼岩柱堆被冰河磨過的頂部見證了冰河移動的痕跡

一九一〇年時，一位在國家森林管理局上班的工程師，胡博（Waler L. Huber）收到一份建造水壩的申請，需要將這些魔鬼岩柱堆炸掉，他為了保護這個特殊的地質景觀四方請託，並說服當時的總統支持，終於在一九一一年，美國總統威廉・霍華德・塔虎脫（William Howard Taft）設立了國家紀念園區，魔鬼岩柱終於得到保存。若說石頭有情，便是它這千萬年的修煉得到了善果。

想到有人曾想炸掉這些美麗雄偉的石頭，心裡不免捏把冷汗。人類常自詡為萬物之靈，甚至寫出「人定勝天」這樣的成語，那，是不是可以用我們的智慧，遵循著自然法則去創造我們的文明，而不是為了自己的利益跟自然相抗衡？

進入日食帶

我們走走停停，繼續往北開，進入奧瑞岡州，經過班德市（Bend），終於踏進日食帶。Robert 一開始就將目標鎖定在日全食的時間長達兩分鐘以上的地方，所以我們的探尋的地點集中在日食帶中央的那條線上。不久後，我們便我們到達線上的第一座城市：馬德拉斯（Madras）。

我們在馬德拉斯找到一座湖邊的營區，紮營的地點正對著湖面，此時帳篷不多，十分清幽。

「這裡不能事先預約。」Robert 跟營地主人溝通完後，告訴我他的發現，「如果最後我們決定在這裡看日食，最好一個星期前先過來，那時候的營地應該還不會太多人。」

「我們整個星期都待在這兒？」我看看四周，這裡有一格格畫好的營地，像是賣場的停車格，有水和簡易的廁所，面前還有湖可以釣魚，整個星期待在這裡似乎不錯。

Robert 看著我望著湖面的眼神，知道我在想什麼。「營地主人說，這湖水遭

這樣的湖光山色，在這裡看日食，應該也不錯吧！

到汙染，釣起來的魚不建議食用。」

釣起來的魚不能吃，讓我的興致瞬間熄滅。剛好這時一艘小艇橫掃過湖面，馬達的嗡嗡聲像耳邊有一隻巨大蒼蠅。

「我們還會繼續找，不過如果沒有更合適的地點，這裡可以列入考慮。」Robert 語帶保留的說。

我並不是挑剔的人，馬德拉斯的湖邊營地雖然沒有那種「啊，就是這個地方！」的一見鍾情，但是我們都同意這裡算是很接近我們的條件。

離開馬德拉斯之後，我們順著二十六號公路往東走，來到約翰戴伊（John Day）。之後這三天，我們都在米邱鎮（Mitchell）跟約翰戴伊之間來回，因為這一段路就位在日食帶的中心點上。約翰戴伊算是這段路上最熱鬧的城鎮，除了有加油站、餐廳、住家，這裡也是在馬德拉斯之後唯一手機收得到訊號的地方。我們先去鎮上補充水、冰塊、食物，並在當地的公園露營區待上一晚。

我們在奧瑞岡州探尋的地點

約翰戴伊的公園露營區有提供給RV用的營地，可以接水接電；另外一區則是一大塊未經整理的草地，沒水沒電，也就是所謂的乾露營。我們的車頂帳篷兩種營區都可使用，但我們的節省刻苦先生選的當然是乾露營。

此時RV區停著幾輛豪華的露營車，裡面配備著冷氣、冰箱、床鋪，而我們只有一頂薄薄的帳篷，但是這裡有水、浴室，手機收得到訊號，不遠就有商家和加油站，又在日食帶的中心點，我忍不住在心裡為它加了很多分。

「我們選這裡好了！」我對 Robert 露出冒著星星的期待眼光，把此地的優點加油添醋，希望看日食的那一星期可以待在像這樣「豪華」的露營區，現在想來，我的要求還真低啊！

「瑞塔多！」Robert 說，不忘附送兩個眼白把星星眼給打滅，「你想到的好處，好幾千人都會想到！別看現在這片草地只有我們，到時候一定爆滿，首先那個浴室別想輪到你用，然後人一多就沒有隱私，沒辦法沖澡，至於那些小鎮商家，恐怕也負荷不了這麼多遊客，加油站也會有油荒的危機。」

「哪有這麼嚴重……」我弱弱的說，「哪有這麼多無聊瘋狂的人啊？不過是日食罷了。」

Robert 不理我，繼續說，「最重要的是，我們辛苦安排這次探路之旅，就是要找一個不一樣的地方，這麼難得的兩分鐘，我不想要跟一群人擠在一起。」

於是第二天，我們含淚離開約翰戴伊的營區——明明就只是片沒水沒電，坑坑疤疤的草地。

彩繪山丘

根據從約翰戴伊遊客中心拿到的資料，附近這片山區有二十九個營區，資料上清楚標示位置和每個營區的狀況，包括有沒有廁所、露營木桌，是否供水供電，以及可不可以帶寵物等。我們按圖索驥，一邊開車欣賞風景，一邊前往各個營區評估狀況。

這天，我們來到彩繪山丘（Painted Hills）。這是一種特殊的地質景觀，美國很多地方都有，但奧瑞岡州的彩繪山丘是該州有名的七大奇景之一。

因為氣候乾燥，砂質鬆軟，加上雨水和風化作用，因此形成了顏色多樣的特

殊山景。山丘彷彿被畫筆掃過，有棕色、黃色、白色、黑色、紅色，層次分明，相互交疊。在湛藍的天空下，這些斑斕絢麗的山景，有的色彩豔麗，有的像水彩暈染。

「我們在這看日食好不好？」我忍不住提議。在這樣的山景下欣賞日食該有多好！

「這裡是國家森林公園管理區，規定不能露營，不然以彩繪山丘為背景拍出日食景象很

彩繪山丘，腹地範圍很廣

棒！」Robert也覺得可惜。

「不然，我們隨便找個地方露營，當天早上再開車過來。」我不死心的說。

「這也是個方法，」Robert居然沒有反對，「我們可以列入考慮，到時候再看看。」

欣賞完彩繪山丘，Robert研究著地圖，往山裡面走有一段虛線，那是四輪傳動車才能開進去的道路，再過去就沒有路線顯示。

山丘上一層紅，一層白，像蛋糕一樣交疊

彩繪山丘的美麗色彩宛如大自然的調色盤

「你看這裡，如果我們的車子可以開過去，一般的房車不行，去到那裡的人一定比較少，我們去看看那裡有沒有可以露營的地方。」Robert 建議。

我們一邊往裡開，一邊精算著距離，因為離開日食帶中心越遠，日食的時間越短，那也不會是我們想要的。車子一路沿著下游走，一個轉彎後，映入眼簾的是馬蹄灣特殊的河谷景色。

世界上最有名的馬蹄灣位於亞利桑那州佩吉市，從山谷上往下看河水切穿山石，雕塑出險峻的景象，彷彿來到另一個奇幻的暈眩世界。有懼高症的我，單是靠近拍照就非常不舒服。

相較之下，奧瑞岡州的馬蹄灣就像個隱士，安安靜靜的座落在山裡，沒有指標沒有地名，除了我和 Robert，附近沒有其他遊客，但是她的美不會因此折損，藍天、尖山、樹木、乾草、河水，各自在畫面中排列出壯麗的景色，讓有緣經過的人駐足觀賞。

二〇一七年六月，我們造
訪亞利桑那州的馬蹄灣所
拍攝的照片

一個月之後的七月，來到奧瑞岡州的馬蹄灣

離開馬蹄灣後持續往裡開，我們終於來到路的盡頭。

「我們下車看看。」Robert 說。

這裡有個斜坡直達水裡，看來是讓人把車子倒到水邊，放船下水的地方，好讓人方便走近水邊，不用通過高高低低的石頭，或是鑽過將近一個人高的雜草。

我信步走到水邊一看。「哇！快來看，水裡有魚耶！」

這裡的水很清，魚兒穿梭其中，讓人手癢癢的。

「我們今天在這裡過夜！」Robert 看看四周，「這裡沒有人來，只有我們而已。」

這裡不是規劃好的營地，連停車位都沒有，我們就在樹叢邊紮營。Robert 開啟車頂帳，我準備裝備釣魚，之後他也加入我的行列。前幾天露營時，我們試著釣魚，可是成績不好，一天可能只有一、兩條魚。這天魚兒很容易就上鉤，不過短短兩個小時，我們足足釣到十條魚。我們吃不了那麼多，留了六條，小條的放牠們安全離開。

此時太陽西偏，逼人的熱力開始減弱，帶著河水氣味的微風陣陣吹來，感覺非常宜人。當我一邊享受著舒服的氣候，一邊手持魚竿，光著腳在石頭縫中保持平衡，忽然腳跟一陣刺痛，像是被什麼東西夾了一下。

「啊！」我嚇得跳起來，再低頭看，石頭縫間小小的黑影一閃。原來是臺灣俗稱的過山蝦，想不到這裡到處都是！

「我們可以抓來吃嗎？」我興奮的說。這在臺灣的山產店，一盤要好幾百吧？

「可以啊，」Robert 想了想，「用魚頭引誘牠們出來。」

殺魚清魚向來是 Robert 的工作，他把魚頭跟內臟留下來，放在石頭縫外面耐心的等候。果然，過山蝦慢慢探出身子，圍在新鮮的食物旁，用鉗子拉扯著魚頭。我躍躍欲試，伸手入水去抓，別看牠們剛才緩慢移動，一遇到危險，動作出奇的快，倒退彈跳到你預料不到的地方，明明有五、六隻爬出來了，經過我一攪和，全部又躲回石縫中。

「你這樣不行！」Robert 看到好不容易出來的過山蝦又被我嚇回去，只好自己出馬。他身手敏捷，徒手抓住一隻，我趕快遞出鍋子，讓他把蝦放入鍋中，直到抓了十五隻左右，差不多兩人一餐的分量才停止。今晚，我們有一頓魚蝦大餐，而且食材完全自給自足！

我們留下六隻魚，大概兩到三餐的分量

新鮮肥美的過山蝦

左：皮肉兩吃的山魚料理
右：創意茄子佐過山蝦

跟從超市冷藏區購買用保鮮膜包好，排列整齊的海鮮比起來，我們的方式原始、費力、耗時，更別說手上散不去的魚腥味、頭髮上黏著的魚鱗片、被魚鉤刺到流血的皮膚、被蝦鉗夾紅的腳底板，但這些不僅掩不住心理上的豐足，更是一種努力生活的真實見證。

取自大自然的這一餐，不用擔心食材來源是否安全，也沒有一次性包裝的浪費，更沒有化學添加物，從產地到上桌只有十步遠的距離。在這裡，我們用勞力換得心靈上的滿足，其實生活也可以不要那麼複雜。

「這會是我們看日食的地方嗎？」我鑽進睡袋時問 Robert。沙漠的夜晚帶著涼意，裹著被子入眠很舒適。

「這裡有天然供應的食物，如果要在一個定點待一星期，倒是不錯的選擇。」Robert 說。

「可是這裡沒有廁所，也沒辦法洗澡。還有這裡沒有營桌，剛剛煮晚餐時，爐臺放地上很不方便。喔，對了。白天超過攝氏三十度以上的高溫，在沒冷氣的地方待上一星期，會熱死耶……」我向來都是先把問題拿出來煩惱一番的人，這次當然也不例外。

「剛剛來的路上有個營區廁所，洗澡就用河邊的水沖一沖，我們可以自己準備小桌子取代營桌，或是用大石頭墊一下。至於白天的氣溫，這裡離河邊才幾步路，太熱就下水啊！」Robert 把我的憂慮一一擊破，然後又接著說，「我在地圖看到約翰戴伊有另一條路往北走，我想明天去看看那裡的營地，地圖上顯示有高山湖泊，說不定那裡氣候會涼爽些。」

看來，這趟尋找最佳觀測日食地點的旅程還會繼續下去。

魚在華人社會有豐收的象徵，每次過年，桌上一定會有一條魚，代表年年有餘。這張素描想呈現的也是這樣的概念，在第一趟的探勘之旅中，我們釣到許多魚，牠們大小姿態各有不同，我隨手畫下牠們美麗的身影，同時也傳達心裡對豐收的感恩之意

來自地心的黑暗力量

第二天，我們離開彩繪山丘，從二十六號公路往東，經過約翰戴伊，繼續來到十八號公路，然後往北沿著山路往上爬升。隨著海拔越來越高，四周的景象也出現變化，被太陽烤得焦黃的長草慢慢變少，取而代之的是成片的綠意，最後來到馬岡湖（Magone Lake）。這裡高達海拔五千英尺，白天雖然豔陽高照，可是溫度涼爽很多，相較過去一星期以來沙漠中毒辣的陽光，真的有如天堂！

我們在馬岡湖紮營一晚，第二天早上試著釣魚，可惜待了大半天都沒有魚上鉤。其實這才是大部分釣魚時遇到的狀況，很多的準備，很多的守候，卻不見任何收穫，像前一天那樣每十分鐘就有魚上鉤真的很罕見。

人生也是如此吧。年輕時，花了很多時間努力念書，成績卻不見得好；考上了好學校，也不見得就會有好工作；找到了工作，還是可能被裁員；交男女朋

高山湖泊，天清水綠，這會是我們最後看日食的地方嗎？

友，用心付出，卻可能沒有善果；就算找到好歸宿，結了婚，也有可能失去婚姻。很多事真的不是付出多少就一定回收多少，不像吃越多一定越胖。但是，我們就因此裹足不前嗎？在一試再試的過程中，我們累積了各種經驗，找到持續的力量，這些都會讓我們更往前一步，更接近理想。我們很常聽到：「努力不見得能成功，但是不努力，一定不會成功。」我覺得還可以補充一句：有努力，心裡才會真實，夢想才會踏實。

離開這個湖邊的營區，我們在奧瑞岡州這段路上探勘得差不多，便繼續往東進入愛達荷州，之前我們拜訪黃石公園時曾經造訪過愛達荷州，對這個州的印象就是一望無際的農地，但這次為了尋找日食帶，我們沿著二十一號公路往東走，途中順道拜訪了月球撞擊坑國家紀念地和保護區（Craters of the Moon National Monument & Preserve）。

月球撞擊坑國家紀念地和保護區是古老的火山活動留下來的痕跡。在《華氏零度》裡，蘿蔔老師曾提到在約一千五百萬年前北美洲出現熱點，北美板塊移動時，這些熱點在地殼表面燒蝕出一連串的火山帶，形成黃石公園的間歇泉、溫泉和泥火山。而這些熱點在一千萬年前也曾出現在這個月形火山坑，後來雖然因板塊移動離開，但是殘留的熱量跟壓力還是非常高，造成地表比較薄的區域出現火山噴發。根據地質學家的研究，這裡最古老的火山熔岩噴發可追溯至一萬五千年前，最近的一次是兩千年前，他們預估，下一次的熔岩活躍可能在一千年之後。

這片占地上萬英畝的火山遺跡，不是一次火山活動造成的，所以帶著許多層次。舉目所及，滿地都是熔岩冷卻後扭曲的岩石，或者是熔岩噴發後落下的堆積岩層，四周幾乎沒有樹木，只有一些矮小的灌木在貧瘠的石地夾縫中勉強生存。

地圖上寫著這裡有熔岩管（Lava tube），簡單來說，熔岩管就是熔岩噴發時，外層的岩漿冷卻成管狀硬化，裡面的熱熔岩流走後形成的洞穴。未知幽暗的洞穴引起我們探訪的興趣。

Robert 站在熔岩管洞口上，裡頭是無止盡的神祕及黑暗

紋路有如繩索般的熔岩層

那天，我和 Robert 來到一個又深又狹窄的洞裡，長到我們回頭看，已經看不到入口的光點了。

「把手電筒關掉。」Robert 說。

「什麼？」回頭不見入口，已經讓我不安了。

「試試看，把光關掉，感受真正的黑暗。」Robert 說。

「不要！太恐怖了！」我抗議。

「握著我的手，不會有事。」Robert 靠近我。

好奇心讓我一邊呻吟，還是一邊把燈關掉，周圍馬上陷入一片漆黑。

這是一種完全沒有過的感覺。城市裡，夜晚永遠是亮的，到處都是人工製造出來的各色光芒；即使到了野外，也有月亮、星星，鮮少有機會體驗純然的黑暗。要拋棄對光線的依賴，抗拒黑暗帶來的恐懼，並不是一件容易的事。

這段經驗令我想起之前在寫《詞靈》時，儀萱曾帶著曹澧進入暗塵，曹澧面對黑暗的那種不安。但是慢慢的，在無語安靜的空間裡，在不用視覺感受的黑暗中，穩定平和的感覺在心中流淌，我聽到自己的呼吸，緩慢而悠長；我聽到我的心跳，搏動而規律；Robert 的手溫暖而真實。黑暗只有奪走視覺，其他的感官知覺反而更敏銳了。

「好了，打開手電筒，我們出去吧！」Robert 打破寧靜。

來到光亮炙熱的洞外，攝氏三十度以上的高溫讓人很難想像剛才在地殼深處是那麼的沁涼。

「怎麼樣？黑暗中沒那麼可怕吧？」Robert 問。

「當然很可怕啊！」我嘴硬的說，「我跟你說，那個地殼內的黑暗力量附在每個石頭上，把石頭幻化成一個個黑暗精靈，精靈準備找人附身，還好我法力高強，用念力把它們一一趕走，不然你啊……」

「瑞塔多！」Robert 翻了個大白眼。

知名的火山錐口（Inferno cone）
這道坡看起來不難爬，但實際爬起來才知道又長又陡

洞內石堆天然且崎嶇，
攀爬時得手腳並用

「啊，我覺得下次我們進地洞其實不用帶手電筒耶！」我忽然正色說。

「什麼意思？」Robert 問。

「你翻的白眼好亮喔，應該夠照亮整個地洞了。」我忍著笑意看他。

「真是的，我幹麼相信你有什麼好的建議！」Robert 氣呼呼的大步走去。

我們來到洞外，此時太陽西斜，遊客更少了。這裡不是熱門的國家公園，很多人來去匆匆，不會停留太久。對大部分的遊客來說，每個轉角除了熔岩還是熔岩，一下子就膩了。可是對我來說，北國高山湖泊是美，熱帶海洋的一望無際是美，綠草如茵香花滿地是美，但是沙漠礫石、火山熔岩的變化更是另一種震撼的美。這裡見證地球仍在活動，而且具有生命，即使現在暫時休眠，但未來的變化仍是未知，而這樣的未知，讓整個地方顯得更加神祕。

離開愛達荷州之後，我們往東前進到懷俄明州，懷俄明州的日食帶位在我們曾造訪的大提頓國家公園。冬天我們去大提頓露營時，空曠寂寥，可是夏天就不一樣了，就連平日露營區都是滿的，更不要說日全食那天會有多少人想在優美的國家公園看日食了。於是，我們在公園裡健行了兩天，看飽湖光山色就離開。

此行，我們依照日食帶經過的地點，陸續探訪奧瑞岡州、愛達荷州，還有懷俄明州，每個點都各有特色，也各有優缺點，是一趟收穫滿滿的探勘之旅！

最後的決定

我想大家看到這裡，應該很好奇，我和 Robert 最後選了哪個地點？有沒有猜到我喜歡哪一個？

這種選擇其實很主觀。在一起旅行的過程中，和旅伴互相磨合，透過每一次的決定了解對方。簡單的像是，要選哪一條路？今晚在哪裡過夜？要先吃中飯還是先去找營地？雖然不是什麼大不了的決定，但是同行的兩個人可能就為這種小事而不開心。像我沒辦法挨餓，餓過頭會脾氣不好，所以 Robert 如果不想無故被餓鬼的陰氣掃中，那在他熱衷尋找地點的同時，最好也要注意一下吃飯的時間。選地點這件事，更是一個重大決定，意外的，我和 Robert 在這件事上很快就達成共識。

「馬德拉斯的那個湖邊營區可能會湧進很多人。」Robert 說。

「而且不能釣魚，一個星期待在那裡滿無聊，那邊的景色也挺無趣的。」我補充。

「約翰戴伊也會聚集很多人，你想到的便利，大家也很愛。所以肯定不要。」Robert 趕快使用刪除法，省得我還存有幻想。我在心裡默默跟網路說再見，準備接受與（沒）世（有）無（網）爭（路）的清淨。

「高山上的馬岡湖呢？」我對那裡的低溫涼爽念念不忘。

「那裡的營區有提供飲用水，的確很方便，不過別忘了，那個營區在松樹森林之中，抬頭望去，看到的都是高聳的樹林，視野不是那麼好。」

我嘆了一口氣，默默跟天然冷氣說掰掰，剩下的選項都在乾熱無比的沙漠。

「待在彩繪山丘的主意呢？」我問。

「彩繪山丘不能露營，車子只能留在停車場，也不能前一晚來過夜，這樣很麻煩，我還是希望直接待在觀測日全食的地點，不然那天早上的交通一定很混亂。」Robert說。

看來，他的重點是不想待在太擁擠的地方。

「那大提頓國家公園也不行，現在隨便一天的營區都滿了。」我自己把這個選項也刪去。

「我還滿喜歡彩繪山丘再進去那段山路。」Robert分析，「那裡要四輪傳動的車子才能進去，這樣可以過濾掉不少人。我們提早一星期出發，在日食之前天天釣魚，自給自足。雖然很熱，但河水就在旁邊，隨時都能沖涼。」

我想到河邊豐收的漁獲，的確滿心歡喜，而且說實在，那裡有河有山，景色壯麗，很有祕境的感覺。我喜歡國家公園，可是我更喜歡的是一般人不常去、不被青睞的冷門地點。像是《華氏零度》的黃帽山，連地名都是我自己取的，我對它的地質歷史，它帶給我的寫作靈感，以及它本身特殊的造型顏色帶有一種特別的情感。

話雖如此，我還是一個在城市中長大的嬌嬌女啊！那個河邊的營地沒有水，沒有電，沒有任何人造的東西，我們當時只待一個晚上，當然還算愜意，但要待上一個星期，怎麼做到啊？

「我們會準備很多清水和食物，確定備用電池充滿電，我會準備小型太陽能板幫手機充電……」

跟之前去雪地露營一樣，這次要做許多行前準備，只是方向完全不同。既然決定了目的地，那就開始行動了！

再度啟程

我們這次花了兩天的時間，直接開往上次抓到魚跟過山蝦的河邊，比起之前的地點，我們刻意移到上游一點的地方，那裡放置了幾張露營桌，勉強算是個野營區。

「這裡已經有人了耶！」我小聲說。日食是八月二十一日，我們抵達時才八月十五日，那塊營區已經停著一輛大型RV，另一邊還有帳篷紮了營，Robert的擔心果然不是杞人憂天。我們上次來來回回開了好多趟，完全沒有人影，我還偷偷寄望，看日食那天也會只有我們兩人獨享，看來沒有這回事。

「為什麼我們不去上次斜坡那邊？那裡現在沒有人。」我懷念那種連洗澡都可以不用遮掩的與世隔絕。

「那裡現在沒人，可是要不了多久後就會擠滿人了。這裡有營桌比較方便。」

我們在這裡紮營一個星期，樹下的營
桌帶給我們非常方便的煮炊生活

Robert的考慮是對的。別看那個營桌破損不堪、桌面又布滿大自然的印記（枯葉、小動物糞便、前人留下的食物殘渣），但是在野外露營，任何一個不起眼的小東西都可能扮演重要的角色。單是可以把爐臺放在桌上，不用跪在地上煮三餐，那就已經是宛如貴族般的享受，更不要說鍋碗瓢盆、鹽罐、油罐、湯匙、叉子、手電筒、瑞士刀……這些東西有固定的地方放，便利度更是大大的提升。

另外，我們選的地點旁邊有棵大樹，可以阻擋白天大部分的炙熱。在氣候潮溼的臺灣，樹木一點也不稀奇，可是在沙漠地區，大部分的植物為了抵抗強風沙礫長得非常低矮，這棵大樹佇立在此，讓我們之後的一個星期好過非常多。

在《詞靈》裡，有正氣靈跟陰氣靈，分別代表正義和邪惡。曾經有讀者跟我討論，他覺得世界上陰陽調和共生，沒有誰是正面、誰是負面，就像在這個日照炙熱、陽氣過剩的地方，其實陰影才珍貴。不能控制體溫的蜥蜴、滿身是毛的花栗鼠，還有甲蟲、蝴蝶……都在陰影的庇護下得到喘息，將生命延續下去。

露營社交

第一天我們紮營時，河邊的營地已經有兩組人馬。左邊開著 RV，是一對年長的夫婦帶著兩隻狗。我們過去打招呼，他們為人和氣，可是並沒有多聊。右邊是一對年紀和我們相仿的夫妻，他們說自己是先來占位置的，過幾天還會有大約八個朋友加入，當然也是為了一睹日食奇景。

這對夫妻先生 Daniel 是白人，太太 Tristan 是亞洲人。Daniel 是個專業的旅行者兼攝影師，曾出過一本旅遊書。Tristan 漂亮個性好，又很會料理，我們的帳篷跟他們不過二十步之遙，很快就熟稔起來。Robert 很喜歡跟 Daniel 聊旅遊及攝影的經驗，像是他們的婚紗照是搭直升機前往冰河拍攝，唯美的婚紗配上壯麗水藍的冰河，真的是我見過最絢麗炫目的婚紗照。

過兩天，他們的朋友陸陸續續到達，裡面有白人、拉丁裔美國人、黑人、亞

照片中的圓圈就是我們紮營的地方，剛抵達時只有三組人

洲人，我很喜歡各種民族相處在一起的感覺，沒有人特地問你是從哪來的，沒有人因為誰看起來不一樣就對誰特別好奇，更沒有人因為誰的膚色而排斥誰。

營地的規模一下變很大，我們有時候會過去串門子，晚餐時，他們也會邀我們過去一起用餐。說實在，我不是一個擅長社交的人，能以寫作為業真是太符合我的個性了。我每天在家或車上創作，不用面對同事上司，沒有應酬，跟我聯繫最多的就是編輯。我不用花心思在如何與人溝通上，一個人窩在電腦前，我的文章就是我的世界。

旅行的時候，我跟 Robert 有默契，很多事情能夠快速達成共識，但要和其他人一起旅行我卻有障礙，不只是適應彼此、找出共同的步調不容易，單單是跟人攀談，保持社交禮儀都讓我覺得有壓力。這方面通常是由 Robert 出面，這次也是他主動說要跟左右鄰居說聲「嗨」。

但是意外的，我跟這批人相處愉快，或許是因為大家有共同目的，雖然個性、年紀、興趣不同，但是都能互相尊重，除了晚餐聚在一起聊天吃飯，其他時間各自獨立，而這種平淡友善的方式最適合我那低弱有限的社交能力。

釣魚的啟示

很多時候，我們習慣用過去的經驗來預想以後發生的事，然後才發現計畫永遠趕不上變化。兩星期前我們進行探勘時，營地旁的這條河有很多魚蝦，也是我們選擇這個地點的考量之一。所以在準備食物時，我們把漁獲量算進去，想到旅程中有源源不絕的蛋白質，我們都很期待。

這天，鄰居們看到我們帶著魚竿準備釣魚，紛紛祝賀我們滿載而歸，我和Robert也豪邁的開出支票：「今天晚餐我們帶魚過去！」可是第一天就只釣到三條。看來即使我們以為自己做好萬全準備，也抵不過天命啊！

這下好了，我們總共十來個人，三條小小的魚能做什麼？而且把魚煎得皮肉分離又是我的絕活。還好其他人準備了充足的食物，豐盛又美味，跟我們平常那種簡（勉）易（強）清（入）淡（口）的營地料理比起來好吃多了，大家也很捧場的吃著新鮮上桌的魚。

隔天，我們不放棄，繼續釣魚，但這次更慘，只釣到一條。可能是觀賞日食的人潮中也存在像我們這樣的釣客，導致魚變少了；也可能是魚群的活動方式改變，因為同一時間，也沒發現過山蝦的影子，而一般釣客是不會對過山蝦有興趣的。

計畫趕不上變化，但是有變化，所以我們才能進化。在每一次的大小挫折中，我們學到什麼？這些經驗才重要且珍貴。如果說萬全的準備是一種必要的能力，問題發生時如何去應對，那就是重要的智慧。

旅行中常常發生意外，這趟觀察日食天象的旅行，究竟還有什麼不可知的天算因素在裡面？即使事先彩排預演，未來還會發生什麼是我們不能控制的？

面對這一切未知，我們只能忐忑的等待。

登日食山

如果你跟我一樣，以為找到心目中理想的營地，從此就能過著幸福快樂的日子，那就太小看Robert了。

「我看我們閒來沒事，河裡沒魚沒蝦，去爬山吧！」Robert語氣輕鬆的說。什麼閒來無事？我的《修煉IV》還在奮鬥中耶！

「爬什麼山？」我翻著白眼問。

「你看，」他指著眼前的兩座山峰，「我們去對面的山上走走，如果能在山頂上看整個河谷在日食過程的光線變化，一定很特別。」

「等等，你不是說，我們選好營地就不要移動，這裡就是我們看日食的地方嗎？」我忍不住抗議。之前已經勘查了兩個星期，怎麼沒完沒了？

「我沒有說要換營地啊，我們還是待在這裡。我只是想，那天早上或許可以

第一天爬山，我們計劃攻克兩座山峰右邊那座山頂

到山上去看日食，風景一定更好。」Robert 補充，「我們都花了那麼多時間精力準備，你應該也會希望好還要更好吧？」

「可是，要爬對面的山首先要渡過這條河，河水既湍急又很深，我不會游泳耶。還有，你的相機設備怎麼辦？這座山沒有人工開闢的山路，要怎麼上去？」我不理會他的提議。

「河水不會很深，我估計到膝蓋，不需要游泳，涉水走過去就好。我有各種尺寸的防水套，怕進水的東西可以放在裡面，再放進背包。沒有山路我們就自己開路啊，這山大約只有五、六百英尺，你一定可以的。」Robert 早就估算好，信心滿滿。

「日全食預計從早上十點二十開始，爬山耗時耗力，萬一錯過怎麼辦？」我不死心，打算用最壞的情況打消他上山看日食的念頭。

「所以我們這幾天閒著沒事，就先估算一下渡河加爬山需要的時間，這樣就知道當天應該什麼時候出發。」Robert 也不死心的回應。

我萬般不願啊！

為什麼我們看日食就是比別人費神？彩排再彩排，探勘再探勘！

但我們的確閒著沒事（咦，不是要寫《修煉IV》嗎？），看來這一趟我是逃不掉的。於是吃完早餐後我們開始打包，我準備了一套乾的衣物和登山鞋，預計在渡河後替換，手機用防水套裝起來掛在脖子上，還拿了登山杖。Robert 則是把午餐、水、手電筒等裝備放進背包。認真說來，平時都是他在背重物，我只要把自己照顧好就好，可是對既不會游泳又怕水的我來說，要渡過這條湍急的河還是充滿畏懼。

從帳篷走到河邊的路不算長，卻因為天氣炎熱，路上都是石礫及矮樹叢，並沒有想像中容易，而且這些地方沒有路，得自己評估哪個樹叢比較好穿過，哪塊石頭踩上去比較穩，費了一番工夫才來到河邊。

Robert 走在我前面，已經快到對岸了

才離開岸邊沒多遠，水深已經到屁股下緣

這時挑戰來了，要從哪裡下水呢？水深的地方，流速比較緩，但是對不會游泳的我來說是一大罩門；水淺的地方，流速急，腳步不容易站穩。最後我們在兩者之間找到平衡，選擇一個儘量不讓東西碰到水，但是流速又不會急促到把人沖走的地方落腳。

但要不了多久，那個水最深到膝蓋的估算就證明是錯的。然後表面上看起來細細涓流的河水，底下衝擊力道極大，即使手上拿著登山杖，還是得一步一步小心而緩慢的往前走，終於，在極度恐懼籠罩下，我在 Robert 後面渡河了。我看了一下時間，光是穿過這條河竟然就用了十八分鐘。到了岸上，我拿出乾淨的衣服鞋子準備換上，不過 Robert 卻無動於衷。

「太陽這麼大，衣服一下子就晒乾了，而且溼的衣服會讓你涼爽一些。」

他說的沒錯。在攝氏三十五度的高溫逼迫下，身上穿著溼衣服的確很舒服。

「那我換登山鞋就好。」換上乾爽的鞋子，我們開始往山上健行。

原以為最可怕的渡河過去了，剩下的應該不難，這座山在河的對岸安靜矗立，雖然高達海拔二一六四英尺，但我們駐營的地方就有一四七六英尺高，所以只要爬六百多英尺，對有登山經驗的我來說應該不成問題。

沒想到我實在低估了這座山的險峻雄偉。以前我們或許走過更遠的山路，爬過更高的山，但那都是走在前人規劃好的道路上，這次不一樣，每一步都要自己評估是不是好走，是不是安全，是不是可以帶你走到目的地——山頂。實際往上爬才發現它非常陡峭，有的地方被大石阻擋，有的地方是懸崖，你絕對不會希望選擇一條通往這些地方的路線，到時候要回頭既費力又費時。

越往上走越難行，這裡的山石經過長年的風化成了片狀的石頭，每踩一步上去，腳下的石塊就往下落，Robert 跟在我後面，得保持一段距離，免得被滑落的石頭砸中。而在前面的我也沒有比較輕鬆，因為每往上一步，可能往下滑半步，有時候還下墜一小段，時時刻刻都要考慮下一步怎麼走比較安全。

每次往下滑都彷彿在心中刻下一道恐懼，終於，這些恐懼傷痕開始大出血，我被淹沒得不能思考，全身發抖，無法繼續前進。

「我走不下去了，好恐怖……」我低聲嗚咽。

「坐著休息一下。」Robert 說。他沒有責備，也沒有鼓勵，只是讓我先停下來。

我找了一個地方勉強站穩，斜靠著山壁坐下，回想起先前 Robert 帶我去浮潛的經驗。當時我還不會潛水，不會游泳，下水後隨著海浪晃啊晃，因為無法控制自己的身體感到恐慌，那次也是 Robert 和教練耐心等待我的恐懼退去。那段記憶給了我勇氣，慢慢的，剛才的恐慌過去了，山還是一樣的高，岩石還是一樣的陡峭，但是我覺得自己可以繼續爬。

「我沒事了，走吧！」我站起來。

Robert 微笑看著我，「我好為你驕傲啊，你願意再次突破自己。」

山頂山石陡峭，不能直接攻頂，我們打算從左邊那塊看似平坦的斜坡上去

我暗暗想，還是等我真的爬到山頂再驕傲吧！

我們繼續往前，終於來到山頂那些直聳陡峭的山石底下。

「我們要到右手邊的山頂，可是不能直接上去，左邊的斜坡應該比較容易。」Robert說。

左邊的斜坡看起來和藹可親多了，如果說右邊的山石像是一隻難以接近的刺蝟，左邊的斜坡看起來就像小白兔的毛那樣柔順。只是沒想到，小白兔的毛柔順，但也讓你不好抓。緩坡上都是碎石片，而且比之前的仰角還大，每踩一步往下滑兩步，完全沒辦法如想像般直直走上去就好。

「我們用之字形（Switchback）方式來回走。」Robert 看這樣不行，提議另一個方式。

我們試著在斜坡的兩端山石間來回走，但還是很困難，不管怎麼走，就是會一直滑落。我度過那個極度恐懼的階段，但是不代表就不會害怕，那種害怕滑落山谷的感覺還是一直勒著我，而且這種走法也非常緩慢。

在一次回到右邊山石的時候，我受不了，對 Robert 說：「我不想再走這些鬆石了，你覺得我們可以沿著右邊山石的邊緣，直接往上爬嗎？」

「要試試看才知道。我也是第一次來，這裡沒有路，沒有規則，沒有人可以告訴你怎麼走，只要能到達目的地就是對的路。」Robert 說的話有某種哲理，不過當時又累又熱，我只希望可以躲在冷氣房裡面。

於是我們放棄走鬆石斜坡，手扶著右邊的山壁，慢慢往上攀爬。這裡有些乾

決定沿著山石的邊緣往上爬，此處要手腳並用，登山杖完全無用武之地

我們放棄 Robert 身後的那片碎石斜坡，
沿著碎石坡跟山石的交接處往上攀爬，
可以看到山下的約翰戴伊河

草，如果它的根夠強韌，還可以踩在上面，減緩下滑的速度。這個方式似乎好走一點，但是還是要小心，因為那些看起來巨大堅硬的山石有很多龜裂的地方，地上的鬆石都是從這些大石頭風化掉下來的。

平常健行登山，我都是走在 Robert 的前面，不是因為我比較有冒險精神，而是因為我沒有安全感，害怕走在後面發生了什麼事，他在前面看不到。但是當我變成領路人就要學著如何找路，學著判斷要在哪個地方落腳，哪個方向比較正確。這次的登山路程不長，但是難度高，每一步都要自己判斷。

經歷渡河、克服恐懼、登山，又再次克服恐懼後，我們終於登頂了！看一下時間，總共花費兩個小時又十一分鐘，若是手腳靈活，體力矯健的人，應該不到一個小時就可以完成（至少不會坐在石頭上，花上十分鐘自己嚇自己）。不過，不管登山或是任何活動，沒必要跟別人比，只要跟自己比，上山後的我比上山前的我有更多的經驗，看到更美的風景，那就值得了。

登上山頂，眺望山谷

約翰戴伊河切穿山谷，
形成馬蹄灣

山上視野很遠，可以看到
農民引水灌溉的農地，這
裡太過乾熱，只能種植給
牛吃的乾草

「所以，二十一日我們要來這裡看日食嗎？」我看看四周美麗的景色問。

「應該是。」Robert 對這裡也很滿意，「不過明天我想去另外一個山頭看看，就算不是最後看日食的地方，山上也有我想看的柱狀玄武岩。」

什麼？我們都還沒下山呢！他已經在計劃明天登另一座山！不行，這次我要堅決反對到底，不能什麼都要聽男人的，女性也要有自主權！

我們在山上吃了帶來的午餐，但在沒有樹蔭的山頂無法久待，待了一會兒就準備下山。當我們渡河回到岸邊時，忽然響起一陣掌聲和歡呼聲，我們抬頭看，發現是 **Daniel** 和 **Tristan** 和他們的朋友們。

「耶！你們完成了！」

「我們拿望遠鏡看你們爬，好驚險啊！」

「為什麼你們選那一條路，不選另一條？望遠鏡看起來另一條比較容易！」

原來大家在等待日食的日子裡，手機沒有訊號，我們爬山的活動變成刺激的登山實境秀，一群人拿著望遠鏡討論我們選擇的路徑，成了最佳娛樂。

「郁如，你太厲害了！看你身材嬌小，居然爬上去了！」

「我看你停下來休息，好像很害怕，以為你要放棄了，想不到一會兒後又繼續！」

大家興奮的七嘴八舌，還有人遞來一瓶冰鎮的飲料，忽然我變成英雄了！

「我們明天還要去爬另一座山峰呢！」我有點驕傲的說。

等等，我在說什麼？居然對大家做出下集預告，剛才的女性自主權跑到哪去了？

今天的山跟《華氏零度》提到的黃帽山一樣，都是沒有山路、沒有名字的山，黃帽山是因為《修煉》描寫艾美去到上古時候遺留下來的黃氈之山，於是我們叫它黃帽山。今天的山也沒有名字，後來我們就稱它是日食山，也就是二十一日看日食的地點。

我們叫左邊的山為小尖山，那裡有壯觀成排的柱狀玄武岩

登小尖山

八月十九日，日食的前兩天，我們再度整裝，準備去爬河岸左邊那座比較尖的山峰。前一天渡河，我對湍急的水流還是不適應，我建議這次從看起來比較平緩的水面穿越。

「那裡的水會比較深喔。」Robert提醒，「不過我走前面，如果太深，可以後退更換路線。」

果然，這次的路線水比較深，都超過我的腰部了。如果問我，水深的地方會不會比較好走？我覺得這裡的水流的確沒那麼強，但周圍的水也多很多，需要加倍的力道才能前進，而且河裡的石頭也會因為水流沒那麼急而有比較多的青苔，一不小心就跌落水中，連運動神經發達的 Robert 都滑落兩次。所以結論一樣：沒有哪條路是絕對正確，只要能夠完成，能安全到達，那就是最佳的選擇。

這座山跟日食山相連接，地質接近，登山的難度也差不多，不過少了極度恐懼的那十幾分鐘，這次我們花了不到兩個小時就來到山脊。在山脊可以看到小尖山凸出的山頂，在營地所見那座尖聳入天的尖山，現在已經來到它的面前。我心想，只要再往前跨個兩步，就可以達到最頂端，不禁感到精神為之一振，繼續往前走。

走到地勢平順的山脊盡頭，我發現我又錯了，山總是給我們意想不到的挑戰，又或者說，山就是矗立在那兒，從沒有想要給我們什麼挑戰，是我們太低估山的變化，太高估自己的能力，所以才會面對出乎意料的挑戰。

從遠處望去，看起來傾斜四十五度角的山石，走到近處，才發現這些柱狀的石頭直直向上，每一根石柱至少是我的兩倍高，聳立入天，看起來高大不可褻瀆。

這真的是很奇妙的感覺。眼見是不是可以為憑？我在山下看到的樣子，絕對是我的眼見，但是那是在山下，等親自來到山的面前，看到的又是不同的樣貌。

「我到這裡就好。」我敬畏的說，畏的成分可能多很多，「這太陡峭了，而且兩邊下去都是深谷，我上不去。」

「昨天你那麼害怕都克服了，現在我們來到這裡，你真的要放棄？」Robert

來到小尖山的山脊，山頂就在眼前

不可置信的說。

不管他怎麼說，我就是不肯。「你上去就好，我在這裡等你。」

「好，那我先上去看看。」

我看著他爬上去，似乎沒有想像中那麼難。他登上最頂端繼續往前走，消失在我的視線，但沒多久又走回來跟我說：「上面的景色很美，可以看到西邊，要不要上來？」

「上去的路會很難爬嗎？」我遲疑的問，我對於「景色很美」四個字最沒有抵抗力了。

「不會啊，」他輕鬆的說，「而且我們的朋友們一定又拿著望遠鏡看我們，沒看到你出現，一定會很失望。」

對喔，我差點忘了這件事！可惡，來這招！

「你前面有塊凸出的石頭，踩上去慢慢往上爬。」

慢慢爬上小尖山最高點

就這樣，在他的鼓（哄）勵（騙）下，我也開始往上爬。

雖然從遠處這個尖石像一個三角形，兩邊是懸崖，但是當我把手腳放上石頭，拉著自己往上時，發現其實這個區域不小，攀爬時不會看到兩側的山谷，巨大的山石也有凸出或凹陷的地方，讓人可以施力。

剛剛說到眼見為憑，我看到眼前的巨石，心中存著恐懼，不敢與之親近，但是真正用手腳、用身體去體驗，才發現這些石頭並沒有那麼可怕。這些石頭穩定堅固的站立著，支撐著我的重量，讓我一步步的往上爬。我的眼見是真實，但是真實不是只有一個面向，親身體會也是另一種真實。

從尖石頂上下來，我們轉去欣賞下方那些柱狀玄武岩。

我們從尖山頂端的右方下降到柱狀玄武岩的上方，然後沿著柱狀玄武岩的上緣走到左頁照片中的左邊，本來想直接往右下方向走，來到玄武岩的下緣，但是狀況不允許，石頭太陡峭了，所以我們繼續下降，再找機會往右邊走。

終於，我來到大石的腳下，這些岩石在眼前是如此的高大壯碩，赭紅色石質是如此鮮豔耀眼，這些一根根緊密相連的直立巨石，像是一片屏障，阻擋一切的去路，世界彷彿在這裡停止。我想像孫悟空翻了幾個筋斗，來到如來佛手掌下，以為那些石柱就是世界的盡頭，應該也是這樣的心情吧！

這裡跟前面提到猛瑪山的魔鬼岩柱堆的形成原因差不多，都是火山熔岩噴發

柱狀玄武岩整齊垂直排列，非常壯觀

我們從左下方過去，可以看到我正在靠近這些柱狀岩石

柱狀玄武岩全景

後，因冷卻、收縮、碎裂的過程形成的柱狀玄武岩。不過前者位於國家公園管理區，所以不能輕易靠近；這裡不是景點，不是國家公園，也沒有路可以到達，讓我們得以直接觸碰這些見證萬年世界的石頭，仰望令人暈眩的高柱岩，真的是很特別難忘的經驗。

站在小尖山上俯瞰山谷，我們的帳篷車只剩下樹枝間的小白點，後天就是日食，前來露營的人越來越多，此時應該也有人拿著望遠鏡

好奇的看著我們吧？

若在這裡看日食的話，會被東邊的山遮蔽住，所以還是昨天的日食山比較適合觀賞日食。時間越來越接近，心情也越來越興奮緊張，我們事前這麼多的準備、探查，是不是能有完美的結果？

日食旅程中看到的柱狀玄武岩一直讓我很震撼。在這張素描中，我用直硬的線條，塊狀分明的色彩，呈現高聳矗立的岩石山壁

日食前夕

早上起床，空氣中散發一股讓人不安的味道。我試著不理會它，假裝它不存在。

這天我們決定不做任何過度消耗體力的活動，連續兩天登山是很累人的。我們準備隔天觀看日食所需要的東西，像是相機和手機得充滿電，打包中午要吃的東西，要喝的水，要穿的衣服……

收衣服時，我抬頭望向天空。待在這裡整個星期，天空湛藍，沒有一片雲，現在卻出現雲層，但是那不是普通的白雲，而是灰濛濛的，令人想哭。

Robert 從隔壁鄰居帳篷走回來，面色凝重。「他們有人今天從市鎮回來，聽到新聞說，奧瑞岡發生森林大火。」

我點點頭。「我早上就聞到了，你看天上，那些是煙塵。」

美國西部大多是沙漠型氣候，每年夏天山林起火就跟臺灣的颱風一樣常見。而且發生後火勢很難控制，空氣中到處飄著灰燼。有一次，住在山上的朋友在家裡舉辦派對，那陣子森林大火不斷，大家坐在精緻美麗的花園用餐，同時天空灑下免費的胡椒粉。

「那怎麼辦？明天會不會看不到日食？」我不安的問。

「我擔心的不只是看不看得到日食，」Robert 表情嚴肅，「現在這些山上都聚滿了人，如果大火燒過來，上萬人怎麼疏散？二十六公路是對外唯一的路，全部的人都擠到那裡去，絕對來不及疏散，那情況會比看不到日食糟糕許多。」

我倒沒想到這點。

「那……我們現在要離開嗎？」我們準備這麼久，還是敵不過天災？

「我們再等等消息。」Robert 說。

這個等待感覺很漫長，在沒有網路，沒有訊息的山上，只能靠外面的人把消息帶進來。

終於，又有人從外面回來，帶給大家的好消息是，這次的大火離我們很遠，所以不需要擔心安全問題，也不用撤離。但另一個壞消息是，大火雖然不近，但是煙雲如果聚集起來，錯誤的風向沒有把雲吹散，明天看日食的效果可能會大打折扣。

這讓人非常氣餒。我們事前做了許多準備，勘查又勘查，親自跑遍日食帶上的每座城市，還在可能的營地親身露營體驗，現在一切的努力卻將變成幻影。

「現在怎麼辦？」我焦慮的問。

「很多事不是我們可以控制的，」Robert 深呼吸，穩下心情，「我們盡力做好準備就好，過程中我們也得到很多旅遊的樂趣，學習到很多東西。況且，誰說明天一定看不到呢？如果風向對，把這些煙吹走，還是會有藍天的。」

我忽然想起一句古話：「萬事皆備，只欠東風。」我們要看早上東邊太陽的日全食，還真的需要東風呢！

「我們繼續準備東西。」Robert 堅定的說。

這天，營地瀰漫焦慮的氣氛。隔天的日全食讓等候許久的人緊張振奮，但森林大火帶來的危機，更是讓人惶惶不安。此外，營區忽然冒出很多人，本來只有三組人，這天下午，整個營區滿滿都是人。Robert 當初的顧慮是對的，很難想像這樣一個原始荒地會聚集這麼多人，那些熱門方便的營地，不就更多人了？

這個區域沒有收費，沒有營區負責人，平常大概好幾個星期才有人來，現在短短一天忽然冒出這麼多人，當需求大於供給，就是考驗人性的時候，很多問題也跟著產生，有人車子亂停，擋著其他人不能出入；有人吆喝喧譁，把音樂播得很大聲；有人不顧危險，點起被禁止的營火；唯一的營區廁所永遠有人排隊，而且裡面的衛生紙都用完了……

我終於不得不同意 Robert 的遠見，我們選擇到對面山上看日食是對的。

跟之前的照片比起來，這張照片的天空明顯變得灰濛濛的。
山面呈現詭異耀眼的金黃，都是附近有火燒山的奇特景象

灰濛的天空，擁擠的營區，考驗著人性

二〇一七年八月二十一日

早上醒來第一件事就是抬頭看天空！

「天空是藍的！」我興奮的說。

「是啊！」Robert 也很開心，「我就知道我們的運氣不會那麼糟！」

根據前兩天涉溪登山的經驗，我們預估爬到山頂約需一個半小時到兩個小時，日全食發生在早上十點二十分，但從早上九點零七分就開始日食，我們當然想一開始就看到。

不到六點，整個營區動了起來，可以感受到每個人的亢奮與期待。雖然我們都選在這裡露營，可是對於最後觀賞日食的地點各有想法。大部分人留在營區，我和 Robert 要渡河到對面的山上，Daniel 和 Tristan 則是已經拔營，準備開往另一個地點。我們在晨曦中互道再見，為了天文奇景而萍水相逢的四人，日後要再交集就不容易了。

我們七點離開營地，有了前兩次經驗，這次我連水鞋都懶得換，直接穿登山鞋過河，反正很快就會乾，登山鞋走在水裡也比較穩。我們爬上山頂時還不到八點半，但當爬上最高處卻看到兩個帳篷在那兒，看來有人昨天晚上在這裡露營。我們以為自己是最瘋狂的，其實還差得遠呢！

我們避開那兩組人，來到一個比較平緩的坡地，這裡雖然不是最高點，但是因為角度的關係，反而可以看到比較遠的山谷。Robert 在這裡架設三腳架，等待日全食的來臨。

八點半，我拍下第一張太陽在被月亮遮住前，照耀山谷的照片。此時天上萬里無雲，視野遼闊，Robert 架設相機的過程也很順利，沒有發生手忙腳亂，忘了帶東西的窘境。

九點零四分，日食開始前三分鐘，雲層忽然在天空聚集起來，我們的心情也

跟著糾結起來，怎麼這麼多挑戰啊？拜託拜託，給我們一個半小時的好天氣啊！

九點零七分，我們戴上看日食的眼鏡，從黑色的鏡片中看到橘黃色的太陽，右上角被一個黑點擋住，然後黑點越來越大，越來越狹長，變成兩端尖尖的橢圓形，那是月亮的一角，它正進入太陽照射到地球的範圍內。

同時，山谷間響起一片歡呼聲，每個觀賞日食的人都為這個景象喝

我個人很喜歡的一張照片，整個山谷一覽無遺

采。這真是奇妙的經驗，我唯一能想像類似眼前這個情景的時刻，是眾人一起看球賽，大家為了自己支持的球隊大聲吆喝。即使是這樣，球賽一定有贏有輸，有人會高興喝采，也會有人懊惱憤恨。像這樣，為了自然天象而共同喝采的情況還是第一次遇見呢！

我把墨鏡拿下來，看看四周的景色，太陽雖然被月亮遮住了一小部分，但是它的亮度還是非常大，月亮擋在前面所造成的陰影還是不足

1am 手機拍攝日食開始後四分鐘，四周一樣亮度，肉眼也看不出來差別

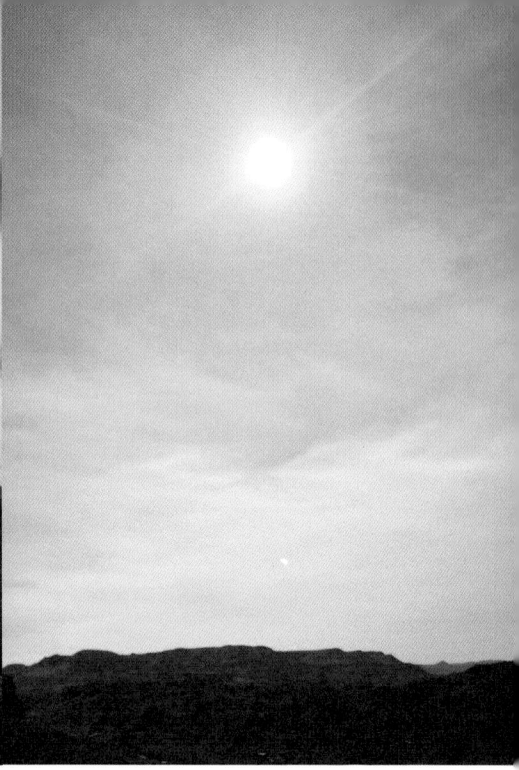

10:18am　手機直接拍攝太陽，還是看不出來虧缺，但是已經變得昏暗

以造成任何影響。

日食持續進行，山上的光線跟之前一樣，即使太陽已經被遮住一半，四周還是一樣亮。直到十點十八分，日全食發生前兩分鐘，周圍的景色才有明顯的變化，明明還是早上，卻像黃昏時那樣暈黃。

我再度戴上特殊墨鏡，黑色的陰影已經遮住大部分的太陽，在鏡片下的太陽看起來像新月一樣，細細彎彎的。此時，山谷的吆喝聲又開始鼓譟起來，彷彿心中的偶像正

8:30am 日全食前，太陽仍照耀山谷

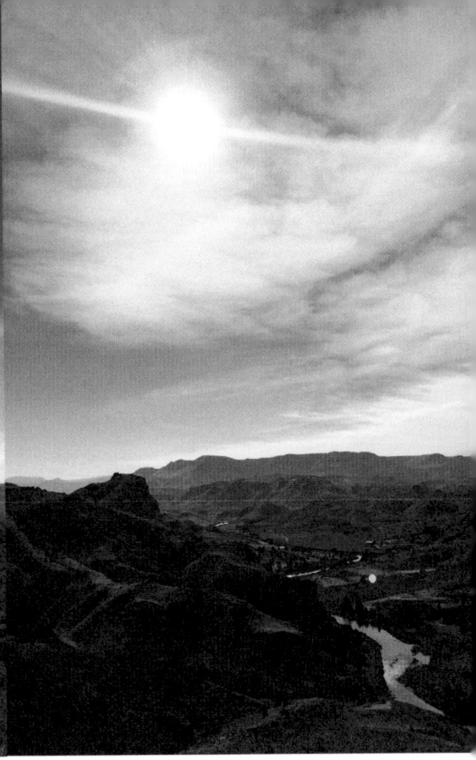

9:04am 雲霧聚集，也為待會的日食帶來不確定

走上舞臺，大家為他們高聲加油。

上午十點二十分，月亮一步一步逼近太陽中心，黑影一點一點啃蝕掉光線，終於我透過墨鏡看到月亮利用與地球比較接近的優勢，完美將太陽遮住，不讓它再有一絲光芒投射在地球（日食帶）上。山谷下的歡呼聲更是響亮，幾個星期的準備、設想、演練，終於在今天得到了成果。黑暗中，我和Robert忍不住擁抱，眼淚居然落了下來。

這時墨鏡已經沒有用處，我拿

從 Robert 拍的上百張日全食照片挑選出來的其中一張

日全食最後，月亮位移的那一剎那，太陽終於釋放出光芒

掉墨鏡，周圍的世界幾乎無法用言語來形容。那感覺就像接近落日的昏黃光線，忽然間以極快的速度失去色彩，像是偏西的太陽忽然被人踢了一腳，掉下山去，可是又不是傍晚的樣子，因為太陽還是高掛在天上。

幽幽冥冥，昏昏邈邈，月亮不過是從太陽前面經過這麼一遭，大地就從明亮陷入黑暗。月亮從忠實反射太陽光芒，此刻俏皮的攔截了太陽的光芒，拒絕當一個光線傳遞的角色。

我用手機拍攝到的日全食，可以看到月亮在前面所形成的陰影

日全食只維持了兩分零三秒，之後月亮照著本來的速度繼續移動，不在乎地球上幾萬人的注視，而太陽的光線在右上方再度釋放，大地慢慢回到一個沙漠夏天的早上該有的炙熱與光亮，沒有留下痕跡，只有我們心中的悸動。

這一切不過短短兩小時，但感覺好像經歷好幾個晨昏，好幾個歲月，我和 Robert 握著彼此的手，看著山谷裡的帳篷一個個拆掉，人群慢慢散去，可是在我們心裡，卻建立了更深的默契，有些事情才正要開始。

蘿蔔老師的天文教室

尋找日食帶

世上有些事，看起來那麼神祕，那麼有吸引力，但是可能太危險、太昂貴、太困難，讓很多人覺得此生是不可能達成的。比如說，登上聖母峰頂，從外太空看地球，或是在海底跟座頭鯨面對面。對我來說，過去日全食只能從別人的經驗裡得到滿足，從沒想過自己也可以目睹。但是當我們二〇一七年八月決定去追日，去看日與月在短暫兩分鐘交會所形成的特殊天文景象時，我感覺自己觀賞了一齣宇宙劇場的精采演出。讚嘆之餘，我很想知道背後的原因，因此試著去了解地球、月亮、太陽三者的週期運動是如何創造出這一段特殊的天文交響樂。

想要觀賞到日食並不是一件容易的事，但是你可以簡單的用一個盤子跟硬幣來解釋日食發生的原理。盤子是日，硬幣是月，而你的頭是地球。當你閉起一隻眼睛，睜開的另一眼睛就是地球上的我們觀看日食的角度。

接下來一隻手拿著盤子，向前伸直，停在眼睛的高度，另一隻手拿著硬幣，讓硬幣位在盤子跟眼睛中間。硬幣比盤子小很多，所以你可以看到整個盤子的外圍。如果你慢慢的將硬幣朝自己移近，你會發現硬幣看起來越來越大，到達一定的距離時，硬幣的面積會大到遮住後面的盤子。太陽跟月亮的概念就像盤子跟硬幣一樣，太陽直徑是月亮直徑的四百倍，而太陽到地球的距離也是月亮到地球距離的四百倍。因此，

日偏食

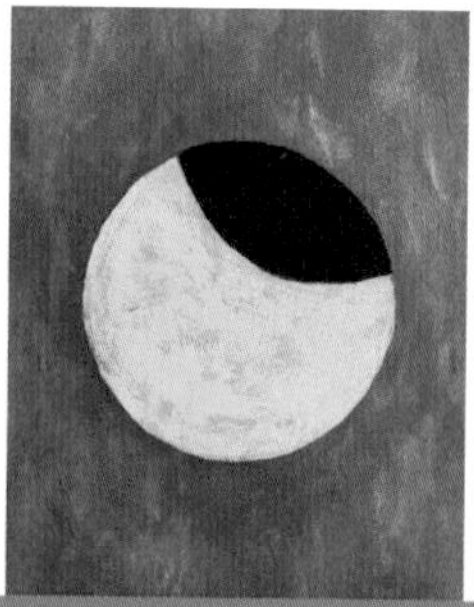

日環食

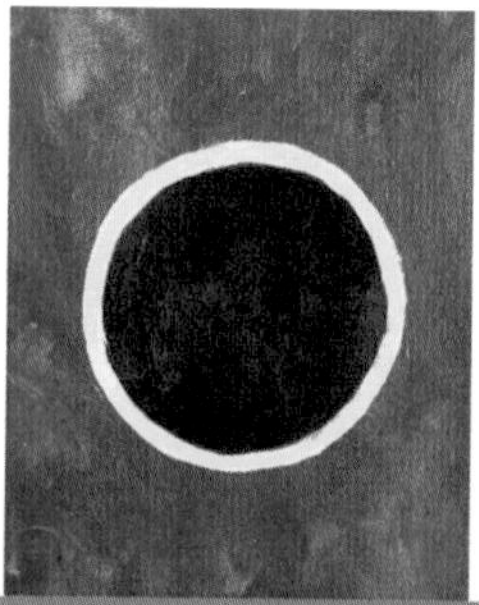

但是如果你的頭往上抬，或向下低頭，你只會看到部分的盤子，這解釋了偏離這狹長日食帶上的觀者，只能看到日偏食的原因。

如果將硬幣的位置遠離你的眼睛，讓它靠近盤子一些，你可以看到盤子的周圍出現在硬幣的四周，像是一圈光環，我們叫它日環食。這是因為月亮跟地球的距離並非一直不變，所以沒辦法總是完整的遮蔽太陽。再次提醒，觀看日環食時，由於仍有部分的太陽沒被遮蔽，所以還是需要保護眼睛的裝備，二〇二〇年六月二十一日在臺灣嘉義發生的日食就是這種類型。

每個月都有新月，但是日食卻不是每個月都發生，那是因為月亮經過地球跟太陽時，通常不會剛好在兩者之間，可能太北或太南，使得它的陰影落不到地球上。關於這點，我在下一堂課會做更進一步的說明。

二〇一七年八月，我們長途跋涉去看日食，但是在研究日食發生原因的過程中，讓我對「旅行」兩個字有了更不同的觀點，像現在，我坐在家中的沙發上寫著日食形成的原因，我的心緒其實也跟著在太空中遊走。宇宙中的星體並非靜止不動，觀賞日食現象的經驗絕對是跟這個恆動宇宙最動人的連結，願讀者都能跟我們一起享受這段旅程。

日全食

當月亮行走在地球與太陽之間，也就是新月的時候，我們便有機會看到日食。

當你手握硬幣的距離，剛好遮住盤子時，可以模擬日全食發生的情景。把硬幣從左向右，慢慢讓它一點一點遮住盤子，此時形成的是日偏食——請千萬記得，觀賞日食一定要用專用的眼鏡或儀器，用肉眼直視太陽會造成永久性的傷害。隨著硬幣向盤子中央接近，盤子的影像慢慢被遮蔽，日全食就是盤子完全被遮住的時刻，然後硬幣（或月亮）繼續右移，盤子的另一端開始露出，這時日全食已經結束，回到日偏食的景象，一直到硬幣完全離開，盤子（太陽）再度重現在眼前，日食現象才告完成。

在這本書裡，郁如描述我們如何從日食帶上找出最適合看日全食的地點。你也可以用同樣的模型來模擬在地圖上狹長的日食帶。

首先，把硬幣舉到可以完全擋到盤子的位置，然後微微向左移動，此時你可以看到盤子的右邊露了出來。如果你微微把頭轉向左邊，硬幣又再度將盤子遮住。重複以上的動作，把頭一直左轉，直到你看不見盤子為止。剛才的動作，便是模擬了月亮（硬幣）陰影在地球留下的路徑，也就是日食帶。

第二部

逐光

黃帝軒轅氏，母曰附寶，見大電繞北斗樞星，光照郊野，感而孕，二十五月而生帝於壽丘。——《竹書紀年》

這是中國古代第一個關於極光的紀錄。黃帝軒轅氏的母親叫附寶。某日，她看到北斗七星附近環繞著電光，整個郊外野地都被這光芒所籠罩，之後她發現自己懷孕，二十五個月後在壽丘生下黃帝。

遠古時期對於大自然現象懷有諸多的想像，這裡也對黃帝的出生賦予神話色彩。當時的人認為萬物皆有神靈的力量，附寶就是看到大電光（極光）在天上繞射，得到這特殊光環的感應受孕，而且還懷了二十五個月才生下黃帝。當然現在的人都知道，看到極光不會受孕，但是對於極光的美麗色彩卻仍舊充滿嚮往。我跟 Robert 都沒看過這樣的奇景，一趟加拿大極光之旅就此展開。

拿到護照了！

在《華氏零度》時，有兩個傻瓜做好了萬全的準備，開了兩天好幾百公里，在臺灣都可以環島之後，才發現護照忘了帶！雖然有好心的朋友主動說要幫我們去家裡拿護照寄過來，但我們怎麼好讓人家因為我們的疏忽，開單趟七小時的車？後來我們臨時改變計畫，取消了加拿大的行程，把重點放在黃石公園，讓我們有了精采的旅程，然後才回到洛杉磯準備下一趟極光之旅。

極光（aurora），發生在北極的叫北極光（aurora borealis or northern lights），南極的叫南極光（aurora australis or southern lights）。當太陽的帶電粒子來到地球大氣層，地球本身磁場的磁力讓一部分的電子沿著磁場線來到南北極，這些帶電粒子與大氣中的氮氧原子和分子碰撞，激發能量釋放，所產生圍繞磁場的光芒便叫做極光。所以極光的強度跟這些電子碰撞能量的強度有很大的關係。

另外，以季節來說，極光比較容易出現在春分跟秋分這兩個節氣之前。春分和秋分時，地球傾斜的角度讓帶著電子的太陽風更容易進入地球磁場，跟大氣中的原子分子碰撞。

所以當我們在二月初忘了帶護照時，剛好能讓我們在三月中，也就是春分之前去探訪極光。而且根據當時的氣象預報，二月份的天氣除了攝氏零下三十度的低溫，幾乎天天都是陰天，極光就算出現，也會被雲擋住。所以護照忘了帶，反而讓我們避過開上千英里的車去黃刀鎮卻看不到極光的懊惱。是福是禍，有時真的很難說，一時的挫折，反而為我們帶來更多的福氣。如果當時我們只是把時間精力花在懊惱上，甚至互相怨懟，恐怕接下來的旅程也不會太愉快，不如敞開心胸，接受任何好或不好的意外。

大部分的人去北國看極光，都是搭飛機和參加旅行團。可是要想看到極光，得滿足幾個條件：

一、極光要強，事先在網站上查詢預報（auroraforecast.gi.alaska.edu）。

二、天氣要好，極光發生在地球大氣之上，若雲層太厚，會將極光擋住。

三、避開滿月，月亮太亮會形成光害。

四、城市也有光害，所以要特別前往郊外。

五、能遇上春分或秋分更好。

所以若訂了機票或旅行團，那等於下了一個昂貴的賭注，賭上面五個條件都成立。我們一向走能省就省的路線，能開車就開車，能露營就露營，剛好可以根據極光的狀況來安排行程。

就這樣，相隔幾個月後，這趟極光之旅正式啟程！

我們的目標是黃刀鎮（Yellowknife），這是一座位於加拿大西北特區（Northwest Territories）以淘金起家的城市，因為極光赫赫有名，據說一年三百六十五天中，有兩百五十天可以看到極光。

從洛杉磯開車到黃刀鎮完全不停要四十一個小時，如果一天開車八小時的話（加上中間吃飯休息就得花十小時），至少要開整整五天。不過我們沒打算一路直奔上去，既然自己開車，行程比較彈性，可以密切注意黃刀鎮的天氣跟極光強弱變化。

我們從十五號公路北上，經過三天半的車程來到美加邊界，進入加拿大南部的亞伯達省（Alberta）。周圍的景色承接蒙大拿州北部的平原，沒有高山，沒有丘陵，平坦的視野一望無際，道路兩旁盡是無邊無際的白。

暴風雪來襲

因為忘了帶護照，我們避掉了加拿大北方超低溫的寒流，但是這次啟程，天

天空雲層低厚，預告未來的風雪

氣預報傳來更不好的消息，接下來幾天，有一場超級暴風雪將要襲擊加拿大。我們之前雖然有雪地露營的經驗，也有開車遇到大雪的經驗，但是大雪跟暴風雪是不同的，就像平時的大雨跟颱風天的大雨是不一樣的意思。我在臺灣長大，Robert 在加州長大，兩個人沒有真的在寒帶生活過，對於即將來臨的暴風雪，不免心裡忐忑。

我看著地圖，我們此時位於加拿大南方的亞伯達省，這裡的城市比較多，要深入到西北領地（Notrhwest Territories），繼續往北走才能抵達黃刀鎮。如果要面對大風雪的考驗，我一定選擇待在有水、有電、有暖氣的大城市，而不是杳無人煙的西北領地！

「有道理，那我們先在卡加里（Calgary）的旅社待幾晚，先不要露營，看天氣變化再修改行程。」Robert 說。

真的？通常這種安於舒適的要求，Robert 都會駁回，這次這麼明確果決的讓我訂旅社，可見天氣的因素有多麼令人恐懼，連他也願意屈服。只是，這讓我更加心驚。我們躲得過暴風雪嗎？就算躲過，接下來往北的行程，那裡又是怎樣的光景？風雪只能預測，真實情況只有遇到了才知道。我們接著趕路，希望在暴風雪肆虐前進入城鎮。

另一個擔心，不是來自於旅行本身，而是我父親的身體。

那年的農曆年我父親身體不適，本來以為只是普通的感冒，卻越來越嚴重，導致體力下滑，不僅夜間上廁所會跌倒，外出走路也會體力不支。一生致力於藝術創作的爸爸，甚至不得不停筆，後來媽媽也因為照顧爸爸和料理家務而病倒。

這些都發生在我們出門時。

當我們年紀越來越大，經濟越來越穩定，越來越能獨當一面，但當年照顧你、撫養你，處處替你著想的雙親卻已經年邁，角色轉換，他們反倒成了需要幫助的人。處於上有老，下有小的我們，只有使不上力的焦急。

Robert 看我每天跟臺灣家人通訊，常常電話講完就哭，動不動想到也哭，我想，他贊成住有 Wi-Fi 的旅社，也是讓我能夠持續跟家人們保持聯繫。他也向我保證，如果真的有什麼緊急狀況，我們隨時可以中斷旅程，飛回臺灣。這些溫馨的舉動，給了我很大的鼓勵，並且感到安心。

旅行過程中的氣候變化，以及對家人健康的顧慮，讓這趟旅行一開始就顯得有些顛簸，彷彿站在一條不熟悉的十字路口，看不清哪條路才是正確的方向，很害怕選了讓自己後悔的路。

車子往前開著，天上的雲越來越低，眼前筆直開闊的道路往天際而去，天空跟道路在遠方相遇，分不清是雲向下貼壓著地，還是地向上觸碰著雲。

這時距離卡加里還有兩個小時車程，Robert努力驅車趕路，希望在暴風雪襲擊前入住旅社，但暴風雪終究不是慈眉善目的老爺爺，既然注定是帶來災難的角色，當然不會等你準備好才登場。

天上的厚雲終於承受不住水氣的重量，臣服於地心引力，看不見的水蒸氣被低溫凝結成冰晶，灑在空中形成靄靄白雪，投向大地的懷抱。接著風勢開始變強，在窗戶緊閉的車內也可以聽到曠野中呼嘯撕裂的聲音，摸不著也抓不到的氣體，此時展現力道，在這片大地上橫掃肆虐，像是萬把無形的尖刃，企圖切割世間的靈魂。

這樣凌厲的風勢讓羽毛般的白雪無法承受，漫天撲面而來。剛開始降雪時，

高速公路上的雪被大風吹的像是蛇行的浪紋

大貨車從我們旁邊超車，大雪整個被揚起，眼前一片白茫，完全看不到路

高速路面上的積雪還不深，但是被風吹成蛇行的浪紋，我們載滿裝備的四輪傳動越野車，就像是海中的衝浪板，在強風中漂浮，在柏油路面上滑行。

雖然每一次打滑Robert都能抓正回來，但總是讓我非常驚駭。我很畏懼那種失去控制的感覺，就像日食山上的滑石，浮潛的海浪推擠。不久後，雪量便以驚人的速度堆積起來。北國的冬天積雪本來就不太會融化，這波暴風雪帶來的雪量更是驚人，路旁已經出現好幾尺的積雪，比較低窪一點的區域還融化成冰沙或雪泥。然後，我們開始看到失去控制的車子滑出路面，衝進路旁的雪堆裡。一路上數了數，至少有十四輛車卡在路邊，其中一輛大型貨車甚至整個倒栽蔥翻過來。

這些都是久住加拿大的居民呢！還是敵不過暴風雪的力量。我們兩個來自加州沙漠的旅客更是戰戰兢兢，當我們到達旅店時，Robert說因為一路緊握方向盤，全身緊繃戒備，手腳都很痠疼。之前不管爬山渡河，也從沒聽過他抱怨，可

一夜大雪後，車子被雪覆蓋

見這趟為時兩小時的暴風雪之旅有多折騰人。

和平橋

這晚我們在旅社中度過，堅固的建築，溫暖的房間，絕對是暴風雪中最安全的選擇。晚上跟臺灣的家人通電話，告知父母我們很平安，也聽到爸爸晚上雖然又跌了一跤，但是沒有大礙，而且老人家終於點頭願意請外傭幫忙，正式提出申請，也算是有進展。

第二天，天氣還是不穩定，我們不敢安排山上的活動，決定在城市裡多待一天，安排一趟當地的輕旅。

卡加里市是亞伯達省的政治、金融、文化中心，是座生活水準高，人民生活安定的城市，弓河（Bow River）和肘河（Elbow River）穿過其間，兩條河流經的地區，大約有將近八十條橋，而和平橋（Peace Bridge）就是其中之一。

和平橋長達一百二十六公尺，橫跨弓河連接北岸，這座橋是西班牙的建築師所設計，用加拿大國旗紅白兩色為主色，是專為行人與單車打造的綠色建築。設計師為了保護河中生態，堅持不用橋墩，頗具巧思。

走在橋上，從三角形的窗口望向弓河，河面深雪覆蓋，一片寂靜白皙，世界好像靜止了。同時我在心裡想像幾個月後的夏天，冰雪融解後化為滾滾的水流，帶來無限生機。世間之事就是這樣不斷的來回交替循環，沒有永遠的冬天，也沒有駐足的夏天。

河面整個結冰，被大雪覆蓋，天空雲層很低，隨時要下雪的樣子

橋頂應該本來是透明的，現在整個被雪覆蓋

從三角形的窗口眺望河面

重要的決定

離開卡加里市我們繼續往北方開去，暴風圈過去，天氣轉晴，天空也出現藍天。這次的暴風雪讓當地人也叫苦連天，有人聽到我們從加州開了三、四天的車子來到卡加里市，正好遇到他們十年來最大的暴風雪，不是投以同情的眼光就是對我們豎起大拇指。

我們沒有直接取道北上前往艾蒙頓市（Edmonton），而是往西走，進入加拿大洛磯山脈群，行經班夫國家公園（Banff National Park），然後往北進入傑士伯國家公園（Jasper National Park），打算在山上露營幾天，看看能不能遇到野生動物。

上一趟的極光之旅，因為忘了帶護照，得以在黃石公園久留，看到許多野生動物，讓我們非常驚豔。加拿大人口稀少，很多地方還保留大自然原始的模樣，令我們滿心期待。

車子在冰原公路（Icefields Parkway）上奔馳，積雪又厚又深，一路上洛磯山脈的巍然山勢配上鋪天蓋地的靄靄雪景，果然壯麗非凡，令人驚嘆。

「昨天有打電話回臺灣嗎？」Robert邊開車邊問。我本來在寫作，不過車子在山路間行進，繞來彎去的，完全沒辦法寫。我索性闔上筆電，專心欣賞窗外的美景，跟Robert聊天。

「有，媽媽說今天爸爸的狀況還不錯，就是容易累，整天打瞌睡，最近都沒畫畫了。」我說。我很難想像父親有一天會因為體力不好不想作畫，這是多麼沮喪的心情啊！

「身體不好難免影響心理。」Robert感慨的說。

「是啊，畫畫也是需要心情的，」我嘆口氣，「我們距離這麼遙遠，幫不上忙，不過下個月就要回臺灣了，到時候他們見到我們，應該會很開心。」

班夫國家公園的山勢

冰原公路往北開，在山岳間穿梭

太陽出來，但是蒸發的水氣繚繞，又遮住了陽光，天色山色一片白靄

Robert一邊開車，似乎在認真思考什麼。我看這段山路比較平緩，正準備打開電腦工作，他又開口。

「我最近在想……」他的口氣有點嚴肅，我好奇的又闔上筆電。

「去年看完日食後，我們都知道彼此很適合，」他娓娓道來，「這段時間，真的是我這一生最快樂的時候。」

我心裡暖暖的，我知道Robert在鼓勵我，為我不能在雙親身邊盡孝的焦急打氣。別看我書中寫的都是他餵我白眼，叫我瑞塔多，但是在最無助心碎的時候，他一直都在身邊陪伴著我。

我們兩個都是有過失敗婚姻的人，曾在感情中經歷許多挫折和無奈，所以我們相遇不久就知道兩人之間的牽引有多強。尤其兩趟日食追尋之旅，讓我們更接近對方，我們有共同的興趣，對生命的價值觀完全契合。

「你讓我想成為一個這樣的男人——誠實、勇敢、善良、忠誠。我從來不知道生命可以這麼快樂。」他繼續說。

「你的快樂，對我來說有很大的意義。」我每次都這樣告訴他。我曾經很努力的想要取悅身邊的每個人，即使現在也常常在潛意識中這麼做，但是，這樣的努力不等於別人就會領情，而且也容易忘了自己的快樂。跟 Robert 在一起，我們願意做讓對方快樂的事，不只是願意，是樂於，因為另一半快樂，自己也會快樂，因為受惠的一方心裡存的是感激與珍惜，而不是理所當然。

其實不管是男女朋友、夫妻，還是父母和子女，或者同儕，如果相處方式存有感激，願意看到對方的付出，感覺到的是幸福而不是勉強，這樣的關係就有機會健康的持續下去。

「我在想，你父親身體不好，我們應該做一些讓他開心的事。」他頓了頓。

這是什麼意思？我們下個月就要回臺灣，還要做什麼事？我有點困惑，但是存在我們之間的強烈默契，又讓我無法裝傻。

Robert 握著我的手。「我知道我們會永遠在一起，如果我們結婚的話，一定讓他老人家更開心，心情好，恢復得一定更快。」

我腦袋一轟，真的嗎？等等，他在跟我求婚嗎？沒有下跪，沒有鑽戒，沒有表演，沒有米其林星級餐廳，這樣算求婚嗎？怎麼跟「如果我們帶維他命回去的話，一定讓他老人家更開心」的說法很像？

而且，他有看過中國古裝劇嗎？怎麼聽起來好像要沖喜的樣子？還是我古裝劇看太多了？

外面攝氏零下二十度，可是我的心好暖，山上雪花片片，我也心花瀲瀲。

「我知道我爸爸會開心。」我說，「我也好高興……」

在這個簡單的回覆背後，是淚水洗滌出來的精華，是痛苦淬鍊出來的體驗。我們用苦難當土壤，磨練當養分，再用愛來當支架，付出真心來灌溉，才有了現在這個在北國山上的晶瑩果實。

「所以，我們這樣算訂婚了嗎？」我傻傻的問，揩掉臉上的淚水。

「應該……算吧。」他也傻傻的回答，握緊我的手。

「可是我沒拿到鑽戒耶！」

「等會上山找找看有沒有沃爾馬！」

我們兩個大笑。因為他知道我不喜歡鑽石，山上更不會有沃爾馬。

所以訂婚沒有儀式，沒有鑽戒，沒有宴客，兩個人說了就算！

結婚這個動作帶來的不只是一份證書，更不能保證永遠幸福美滿。這個動作代表的是責任，願意為兩人愛情持續下去的責任。當他在考慮跟我結婚的同時，也想到兩個爸爸的心情，也知道我有兩個青春期可（彆）愛（扭）美（難）麗（搞）的女兒，這些隨著愛而來的責任，需要更大的肩膀來擔負。而他願意在這個上有老，下有小的艱難階段陪伴我一起度過，這樣的人值得我付出。

加拿大班夫國家公園的山勢險峻，冬天的白雪更是增添它的高冷，黑白主色顯出畫面的冷冽，但是我在前景染雪的森林中用上色彩，展現它們不畏寒的生命力

穿越結冰湖面

這晚，我們來到傑士伯國家公園。為了慶祝訂婚，我們決定投宿飯店，並在裡面用餐。我在派屈霞湖（Patricia Lake）邊找到一個附有餐廳的小木屋，飯店跟餐廳面湖，只是湖面結冰又積雪，外頭的景色除了白還是白。第一次看到湖泊結冰的確非常新鮮，可是不久之後便發現，湖水結冰積雪的景觀其實跟一片草地積雪的樣子沒差多少，不過懷抱著剛訂婚的雀躍心情，能在湖邊用餐，絕對還是加分的。

第二天，我們詢問飯店湖面結冰的狀況，Robert 想要去越野滑雪。飯店人員說沒有問題，整個湖面都是堅硬的，上面還有滑雪的雪道溝，甚至冰上曲棍球場。這些東西在加拿大稀鬆平常，但是對來自沙漠地區的人來說卻很特別。

不過他們也說不保證安全，要我們自己負責。大自然本來就很難預料，雖然

從飯店窗戶看出去的冰湖景

聽起來毛毛的，但是完全是實話，不管從事任何一種戶外活動，都要懂得觀察四周環境的變化，而不是等著別人為你負責。

我們穿戴好裝備來到湖邊，果然發現地上有滑雪的雪道溝，可以繞著湖走，入口處也有人把一個區域的雪清掉，形成光滑的冰上曲棍球場，前後兩端還有球門。在雄壯昂立的高山下，球場跟人顯得特別渺小。

我們沿著湖岸滑，那種感覺很奇妙，腦中有兩個聲音在打架。A說，這是湖，湖裡有水，所以非常危險；B說，這裡結冰，厚厚的冰，甚至有人在玩冰上曲棍球，你不會危險。所以B讓我繼續在湖

相比於遠山，兩個在玩冰上曲棍球的人顯得特別渺小

湖面上標示著可以越野滑雪，也可以看到雪道溝

上享受滑行，可是A讓我的心智處於恐懼緊張的狀態。

環湖的山勢高聳，景色很美，加上湖面沒有高低坡度，技術上來說並不難。我們沿著雪道溝滑行，一切非常美好。然後慢慢的，雪道溝越來越凌亂模糊，地上的足跡被風雪打亂，可以看出這裡很少人來，而且湖面並不平整，似乎有些地方有水的樣子。

「這裡看起來像河流匯入湖的入口，水位比較不穩，我們不要靠近好了。」Robert說。

「現在怎麼辦？」我看看四周，「要回頭嗎？」

「不用，對岸那邊有雪道溝，我們穿過湖面就可以接上了。」Robert說。

「穿過湖面？」我大驚，「不要。聽起來好恐怖，而且這邊看起來完全沒有人經過，我不信任這裡的冰層！」

「這裡的冰雪平整，應該是整個冬天都是結凍的狀態，沒問題的。我先走，

Robert 直接走進結冰積雪的湖中

我比較重，如果我平安走過，你也不會有問題。」Robert 提議。

「不行，我也不要你掉下去！」

「放心，我每走一步會小心評估，而且就算我掉下去，我比你知道怎麼求生。」Robert 堅持，「我先走一段路，你不要馬上跟來，確定沒事我再叫你。」

他不理會我的擔心，說完就往前大步而去。

他走了一段，看來無礙，我也跟了上去。這裡不像剛才走在雪道溝，必須自己破雪而行，吃力很多，而且每踏出一步，雪跟冰都毫不遲疑的發出喀嚓、啪嚓，諸如此類的怪聲，好像腳下的冰隨時會崩裂，宣布放棄對我的支撐，讓我神經緊繃到極點。

終於，我們橫過湖面，來到湖的另一側，從這裡我們再度找到雪道溝，沿著湖岸，慢慢滑回原點。

冰川健走

經歷過湖上滑雪的刺激體驗，我們離開湖邊飯店，來到傑士伯國家公園的營地，這也是我們第一次在加拿大露營。有了之前在黃石公園雪地露營的經驗，這次比較沒那麼緊張，而且我們驚喜的發現營區有供電，廁所裡也有暖氣和熱水。這對在寒天裡露營的遊客來說，真的是很奢侈的享受。

同樣是國家公園，同樣是在寒冬中露營，但因為這裡的設備比黃石公園完善，果然吸引了不少愛好露營分子，我們不再是唯一的遊客。

加拿大人熱衷於戶外活動，想盡各種方法利用漫長寒冷的冬天，享受冰雪帶來的樂趣，不肯因為季節的限制輕易妥協。當初 Robert 提議要在行程中安排傑士伯國家公園時，曾查詢過這裡有什麼特別的景點或活動，其中一個是冰川健走，另一個是攀冰，可惜最後沒機會體驗攀冰，心裡很遺憾，出發前我還特別訓練臂肌，希望可以勝任這個活動呢！

冰川健走的地點位在傑士伯國家公園的瑪琳峽谷（Maligne Canyon），鬆軟的石灰岩經過千萬年的侵蝕，沖刷出現在的峽谷地形。春夏時分，此地會吸引許多遊客前來朝聖。瑪琳河在峽谷間穿梭，有的區域彎曲纏繞，刻劃出令人驚嘆的美景；有的石層則因為高地落差，水流之處形成大小不一的瀑布，水花飛濺。國家公園沿著峽谷開闢步道，讓遊客來往山崖兩邊，得以從峽谷上方遙望腳下的磅礡水勢。

水的力量不僅下切山石，也在山石上留下痕跡，雕出令人讚嘆的景色

站在橋上俯瞰峽谷，瑪琳河現在已成堅硬的冰床

山壁上滲出的水流，形成瀑布冰柱

我們造訪的時候仍是寒冬，是從另一種不同的角度來欣賞。天氣暖和時，河水和瀑布飛流奔瀉，但一到冬天，全像被精靈下了咒語，一動也不動。彷彿《冰雪奇緣》的艾莎公主剛剛到此一遊，因為找不到妹妹，發了一頓脾氣，施法凍結了整個世界。

第一天，我們來到步道居高臨下，看到那些堅硬的山石在河水不間斷的侵蝕下傲然聳立，現在則被冬日裡的白雪密密覆蓋，而沖刷它們的水流也禁不住低溫的逼迫而冰凍。古人說：「光陰似水，看著眼前被冰凍的水，是不是可以假想時間也被凍結了？」

在大自然中遠觀是一種欣賞的角度，但能夠用雙腳走近觀看，親手觸摸，那才是真體會。第二天，我們來到同樣的地點，親自走在結冰的瑪琳河上。

網路上的導覽建議遊客尋找當地的導遊，他們知道哪些地方安全，哪些河水沒有完全結冰，另外還能造訪不為人知的冰雪洞穴，但我們後來決定自己探訪，不找導遊。

自己規劃行程，多了自由，但是也多了摸索的時間。首先，我們找不到下去河谷的地點，在上面的步道徘徊許久，那些步道為了防止意外設有圍籬，好不容易才找到開放的路段。傾斜凹凸的山崖不好走，又有積雪，但是也是因為有積雪，才得以從雪地裡的腳印找到依循的路。

這個峽谷位於下游區，大部分的河面還在流動，我們穿著套著鍊釘的雪靴，小心翼翼的在結冰的河床上走動。河床上，有的地方覆蓋著冰雪，但是其實下面是流動的河水，所以我們得耐心慢慢移動，同時保持警覺。

終於，河面不再清澈見底，靄靄白雪覆蓋整片谷底，我們知道已經越來越接近目的地，但是也更加謹慎，因為積雪的關係，分不出來哪裡是河面，哪裡是河床。我們儘量沿著山壁尋找腳印走，但是路上橫長的樹枝，高立的石塊都是障礙，再往上走了一段後，我們遇到了瀑布。

面前的瀑布凍結成冰，可是淙淙的水聲讓我們發現，有半面的瀑布只有外層結冰，裡面有水持續從上而下奔瀉，外層的冰像是結晶的透明簾幕，讓你看得到水流，聽得到水聲，卻碰不到水。這種奇異的景象真是前所未見！看到這樣的水勢也再度提醒我們，靜止不動的冰層下，還是有水在流動，不可以輕忽。

瀑布在眼前阻擋了去路，我們四處查看，希望可以找到前人爬越過瀑布的痕跡，不過這裡巨岩矗立，冰瀑溼滑，沒有可以落腳的地方。

「看來我們太早下河谷了。」Robert 說。

「那要回到原點嗎？」我問。我們已經花了一段時間，若回頭就得整段重來。

「不用，」Robert 看看地勢，「這裡是瀑布，當然落差比較大，只要往回再走一小段，應該可以攀爬到上面，從上面再往上游尋找另一個下河谷的點。」

只好這樣了。我們往回走，他評估一下路況跟山勢，找到一個比較安全的地方，我們腳下的雪靴鍊釘幫了大忙，最後順利爬回崖上，繼續往上游的方向走

下游區的河面沒有全部結冰，我們要繼續往上走才能看到前一天看到的冰川

我們被阻擋在瀑布之前無法前進，右邊的瀑布外面結了一層透明的冰晶，裡面的水卻還在流動

沿著河面繼續往上游走

石縫之中流出來的水結成冰

河水結冰，可是還是可以看出河水流過高低石面，
穿過峽谷的痕跡

去，並且找到另一個下去河谷的地方。

這次，我們一下到河谷就知道走對了，雪地上腳印凌亂，代表很多人來過。我們沿著河床往上游方向走，一路上看到不少遊客欣賞風景，小孩子們則是興奮的在冰上滑來滑去，看來這裡的結冰狀況很好，非常安全。

我們穿過一個狹小的峽谷，來到一處較為寬闊的地方，看到右邊的山崖邊聚集著幾個人，山崖上有個像咧著嘴笑的大裂縫。經過詢問，原來這裡有個隱密的山洞，兩個年輕的老師正帶著一群學生進行戶外教學。高壯的男老師說自己有幽閉恐懼症，不敢進去，所以在洞口陪著不願進入的孩子們，女老師則帶著七、八個孩子進去探險。

Robert看著那個狹小的山洞口，皺著眉頭，我則是非常興奮，躍躍欲試。他好勝心強，看我一點也不怕，當然不能示弱，等老師和學生們離開後，我們也開始山洞探險。

不同的冰晶樣態

首先，山洞入口上的冰晶就讓我目瞪口呆，花了好半天的時間拍照。學化學的我知道水有三態，但是學藝術的我，也看到這些冰晶呈現非常多樣的面貌，有的像針葉，有的像冰糖，有的像羽毛，有的像散開的棉花糖，完全推翻我對冰晶單一的想像。

我想這是我著迷於旅行的原因之一。每次離開熟悉的地方，打亂固定的生活節奏，把對物質的要求放到最低後，遇見的是最簡單的意識，面對的是最純淨的大自然，得到的是最真摯的美。

這個山洞屬左右狹長型，入口的高度剛好得以讓一個大人橫躺。Robert 先爬進去，趴在地上匍匐前進。這裡是天然岩洞，移動時得留意頭頂上凹凸不平的岩石，還有頂著腹部的冰柱。那些冰柱是完整的圓柱體，很像一瓶瓶的可樂罐，爬行的時候要小心避開，但是同時那些冰柱大小剛好可以用手去握，像是一個個扶手，是爬行時最好的施力點。雖然剛才我們目睹一群小朋友進去山洞，心裡知

不敢進去的小孩子們在山洞口旁玩雪、溜滑梯

洞穴最深處

和可樂罐一樣粗，長短不一的冰柱

道是安全的，但是當自己背上和腹部被堅硬的岩石和冰柱包圍，每往前移動一步，肺裡的空氣就被擠出去一分，加上裡面一片漆黑，心裡不禁竄起恐懼，害怕忽然發生一場大地震，山洞崩塌，我們就被壓死在裡面……加拿大有地震嗎？漆黑的山洞絕對不是上網找資料的好地方，更別說被恐懼主宰的頭腦也無法做出正確的判斷。

我們爬過凸起的冰柱堆，閃過高高低低的大石，終於來到洞穴深處。這個地方比前面寬敞，我們終於不再趴著，可以舒服的坐著，像我身材比較矮小，彎腰站著都可以。我興致盎然的看著四周，想像這樣一個地方若出現在小說裡，會是一個怎麼樣的故事？山洞外窄內寬，易守難攻，可以用來躲避敵人，或是練功練氣，研究出絕世法力……少了害怕，想像力馬上變得不同。

從洞口出來後，我們繼續往上游的方向走。這天天氣晴朗，溫度雖低，卻不到冷冽凍人的程度。我們穿戴齊全，走在河面上其實很舒服。想像在春夏時，河水不停往前奔流，每一滴水在眼前一閃即逝，就匆匆奔往大湖大海的懷裡。可是現在，我們卻可以奢侈的看著他們的身影被凍結在峽谷中，要等到春天來臨，氣溫上升，才能逃脫被禁錮的命運。

除了河面結凍外，此地另一個特別的景象是，由於整座山是石灰岩地形，水中若含有酸性物質，流經之處就會侵蝕岩層，使岩層內外產生很多裂縫，甚至形成我們剛才爬的山洞。而其他那些大大小小的裂縫洞口，則會讓水找機會鑽進鑽出，形成瀑布，或是漫過石頭表面，形成水牆。冬天的時候，這些岩石上的水跟著結凍，就會在河岸兩旁看到巨大的冰瀑布和冰石柱，這幅景象完完全全超過我們所能想像的境界，任何文字都不足以描寫這樣的震撼。

前一天我們走在山崖上的步道，這天我們實際來到河谷，走近冰瀑布，由下往上仰望。水還在流動時，由上往下墜落，當它們結成冰時，就像是千萬把冰錐被定在半空中。有的冰瀑布是水滲出後，慢慢滴流成的，這時就可以看到像是蠟

峽谷，藍天，綠樹，冰瀑布，我的身影陪它駐足
那短暫的時間裡，顯得更渺小

上下石層之間的空間，被水流
下來所形成的超大冰柱所頂立

是冰川健行的盡頭，應該是說，以我們的裝備能走到的盡頭，這
看起來不高大，但是很滑溜，我們試了幾次都上不去，如果我們
冰的裝備跟經驗，就可以通過這個峽谷

冰瀑布呈現蠟燭熔化滴流的視
覺效果

被定在半空中的千萬把冰錐

燭遇熱滴流，再遇冷凝結的模樣。我們走在河上，這些巨型冰瀑布就在身邊，在其中穿梭進出，真的是冬天獨有的體驗。而且水流的方式每一秒都有變化，所以可以想像，每年冬天河水的結冰方式也不一樣，呈現的面貌美感也會不同。

根據之前在網路上查詢的資訊，建議遊客造訪此地最好聘請嚮導，而且他們也會提供雪靴鍊釘，我們的確看到一些只穿布鞋的遊客走得不遠，一下子就得回頭。另外，嚮導也會馬上帶遊客到正確的地點，知道哪裡有危險，不會像我們那樣第一次走錯路。不過我們的經驗是，即使多走那一段路，我們看到的也是不同的風景，像是結冰的瀑布裡面還有水流動的景象，就不是一般行程會看到的。我們本來就有雪靴鍊釘，也知道如何在行走的過程中避開危險，選擇自由行讓我們有餘裕慢慢觀察，好好吸收特殊的經驗，這些都是參加別人安排好的行程所無法取代。

另一個決定

離開傑士伯國家公園後，我們從氣象預測得知天氣漸漸穩定。北國一定會下雪，但是至少暴風雪已經遠去，日子也越來越接近春分，極光預測也很樂觀，我們決定北上。

我們離開繁榮的亞伯達南部，往北開去，進入人煙更稀少的西北領地。這一路上，公路筆直，兩旁都是茂密的樹林，或是平緩的雪原，要開好久才有可以加油的小小村落。我們必須要精算里程跟剩下的油量。

在這樣景色下疾駛，路上幾乎不見任何人車，看著窗外單一安靜的風景透過擋風玻璃急奔而來，又從兩側車窗橫掃而去，彷彿這些白雪也穿過靈魂，將這一生精采的，悲沉的，熱鬧的，痛苦的，刺激的，幽暗的，喜悅的，焦慮的……慢慢沉澱過濾，剩下精煉過的點滴，在心底反覆咀嚼、回味。

前往西北領地途中，一大片無際的雪地

落日在森林深處落下

此時，Robert握住我的手，我轉頭看他，他的臉在夕陽下也映著柔和的光。

「我們要結婚了。」Robert臉上的微笑好溫暖，「你對結婚日期有沒有什麼想法？」

我想了想，回答：「沒有耶，但一般人通常是訂婚之後半年結婚吧？」

我沒說出口的是，有人訂婚，拖好久都不肯真的結婚；有人訂婚，後來婚約又取消。就算結了婚，婚姻也不保證長久。不是我消極，只是經歷一次失敗婚姻後，我真心覺得，很多人在乎的儀式、戒指、宴客，其實是最不重要的一環，結婚之後才是最大的考驗。

「可是你也知道，我們不是『一般人』。」Robert微笑著說。

他說的沒錯。一般人不會花這麼多時間旅行，一般人不會去山上找牡蠣，一般人不會看日食之前事先探勘，一般人不會安排冬天去雪地露營，一般人看極光不會開好幾天的車。

「那你怎麼想？」我問。

「我們既然確定想要一輩子共同生活，什麼時候結婚都是一樣的結果。既然這樣，我想我們去臺灣前就結婚！這樣回臺灣見到你爸爸，他也會很高興。」

我瞪大眼睛！回臺灣的機票是四月初，現在已經三月中，而且我們還正前往北邊看極光，連要在黃刀鎮待幾天都還沒確定，更不要說回程會是什麼時候，然後要在回臺灣之前結完婚，感覺好匆促啊！

「我們只是去登記嗎？」我問。如果是這樣，我絕對可以。我不用焦慮要去哪裡辦儀式？穿什麼禮服？請哪些客人？一切簡單就好。

「我還是想要有個儀式，讓你的女兒們一起參與，地點就選在我家的後院，讓爸爸開心，天上的媽媽也可以看到。」Robert 想到他的母親和我們的婚禮，眼睛裡帶著淚水。

我感受到他的用心跟慎重。好吧，既然我們不是一般人，一定可以用非常人的辦法辦到。

「那戒指呢？要去哪買？這裡沒有購物商店。」我問。

「我也不知道，或許等我們看完極光回到美國再買。」Robert 聳聳肩。

想到要選戒指禮服，我忽然感到一陣興奮。等等，剛剛不是才說，這些都不重要嗎？人類真是奇妙的動物，當事情沒降臨到自己身上時，什麼都可以不在乎，可是真的給你選擇，忽然變成一回事了。像是一群朋友聚餐，討論要挑選哪間餐廳時，每個人都會說：都好，見面聊天最重要。可是一旦有人提議，大家就開始認真思考，意見也就多了。

「在你爸爸家後院辦的話，那餐點怎麼辦？」我問，「不要指望我穿著婚紗，還要滿頭油煙的忙著切菜炒菜喔！」

「那個頭紗可以幫你擋油煙耶！」Robert 說。

「是啦，長禮服還可以順便拖地！」我白了他一眼。

「不要太緊張，我們叫外燴。他們會直接送食物餐具過來。」Robert 安慰我，「不然我們也可以去買快樂兒童餐，婚禮嘛，讓大家都快樂！」

我領悟到，這些對於婚姻經營沒有太大幫助的事，在準備婚禮的當下是很重要的。兩個人如果在過程中能夠合作，有共識，對於未來將要一起渡過的日子也能因此懷抱希望，而帶著這樣的希望進入婚姻是很重要的催化劑。

就這樣，帶著幸福的想望，我們終於來到黃刀鎮，由於 Robert 想找露營的地方，所以我們沒有事先訂旅館，打算到了再問當地人。抵達黃刀鎮後，我們前往遊客中心詢問，才知道冬天時，這裡的營地考量到氣候統統關閉。

Robert 覺得可惜，失去待在帳篷裡就可以看到極光的機會，可是我卻暗自鬆了口氣，終於不用睡在冷凍庫裡了！

我們在網路上找到一間最便宜的旅館，別看這個靠近北極、不見人煙的小鎮，房價令人咋舌。所謂最便宜的旅館，比我們在美國遇到最便宜的旅館房價還要多一倍！其他那些美輪美奐的飯店就更不用說，網站上出現的數字讓我們懷疑是不是來到夏威夷。

房價多一倍，品質可沒有多一倍。旅館沒有附贈早餐，浴室裡沒有盥洗用品，厚重老舊的地毯在幾乎整年都要開暖氣，門窗永遠緊閉的情況下散發陳舊的氣息，讓我決定一天最好吞兩顆抗過敏藥以防氣喘發作。

但是這些並不影響心情。對我們來說，吃好睡好不是旅遊的重點，甚至在把行李拿到房間安頓好後，我便發出讚嘆的對著 Robert 說：「哇！這旅館好高級啊，我們在房間裡就可以看到極光了耶！」

「什麼意思？」他疑惑的看著我。

「你看！」我指著窗戶，青綠色的窗簾在室外陽光的照映下，相對於黑濛濛的室內，泛著亮眼的螢光綠。「而且我們整天都可以看到呢！」

「瑞塔多！」Robert 啐著嘴，也忍不住大笑我的自得其樂。

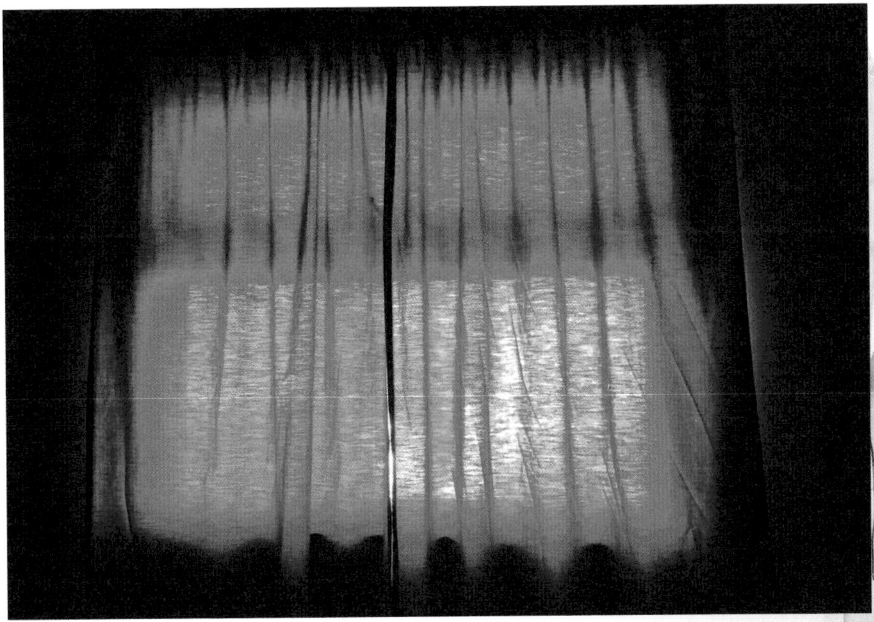

旅館的窗簾散發極光般的光芒

與極光的邂逅

第一晚，Robert 猶豫著要不要出去。

「我看預報，今晚的極光不會很強。不曉得值不值得準備裝備在外面受凍。」Robert 說。

「反正晚上也沒有活動，就試試看吧。會冷的話，我們就回旅館吹暖氣。」我想了想回答。

「出門的話，要把腳架、相機、鏡頭設定好，禦寒衣服都帶齊。還有，誰說我們要在旅館門口看極光的？」

「不然要去哪看？」我開始覺得事情沒那麼簡單。日食的經驗難道還沒教會我什麼嗎？

「城市有光害和高聳建築，看不到的，要到郊外去。至於要去哪裡，還要找找看耶！」Robert 不理會我，繼續說，「那我們還是出去好了，就算今天沒碰上極光，至少可以去找適合看極光的地點，明天再去。」

好吧！看來今天的重點在探勘路程。

出發後，Robert 把車開在唯一一條往東遠離城市的道路上，令人驚訝的是，在這個接近北極圈的地方，將近半夜還有許多工業大卡車來來去去，幾天後我們才知道原因。他一路小心開車，但這條兩旁堆著積雪的筆直道路上，並沒有可以安全停車的地方，一直開了四十分鐘左右，左前方才出現一塊平地。這條路持續往前延伸，可是我們沒有興趣知道它可以開去哪裡，這塊平坦的地方就是我們要找的，一個安靜寬闊、沒有光害和建築物的地方。

我們停妥車後，把禦寒衣物全部穿戴好走到車外，沒有太陽的北國此時顯得更為寒冷。在冰雪覆蓋的空曠平地，我們仰望天空，天上無雲無月，又接近春分，想要看到極光的各種條件都滿足了，除了預報上說的，今天的電磁磁場比較弱，看到極光的機會不大。

我們並不放棄，在曠野上等了許久。

「我好冷，我去車上等。」我打著哆嗦說。

「可以啊，不過車子不發動，沒有暖氣喔！」Robert 提醒我。他不想增加電池耗損，導致最後完全無法發動，反而更慘。

我在車上待了一陣子，還是冷到不行。

「你出來，我們用小跑步保持溫暖。」Robert 建議，他以身作則跑了起來。

我雖然無奈，也只能來到車外一起跑。

時間已經接近半夜，我又冷又累，可是極光還是沒有出現。我們有點失望，

我跟極光最初的相遇。那一抹輕淺的綠，差點讓我錯過

但這也是在預期中。

「看來今晚如預報所說，電磁場弱，看不到極光，我們明天再來吧！」Robert說。我非常贊成，但也有點捨不得離開。

我們坐上車，往旅館的方向開回去，我不死心的一直看著天空。

這時，在滿天星斗的漆黑天空中，我看到一抹黯淡的綠光。其實那稱不上光芒，比較像一條朦朧的雲帶，帶著淡淡的綠。但即使氣象知識淺薄如我，也知道雲沒有綠色的，所以那一定不會是雲。

「等等！停車！你看，那是不是極光？」我興奮的指給 Robert 看。

Robert 猛然停車，搖下窗戶看。「應該是耶！」

我們兩個從來沒見過極光，不知道接下來會有什麼變化，也不能確定那是不是極光，Robert 趕快掉頭，回到剛才的平地，架起相機。

那綠光本來只是在空中劃出一條細線，彷彿隨時會被風吹散。但是那一抹輕淺的綠漸漸變寬，像是一條緞帶橫展開來，範圍開始擴大，光芒也變得更亮。我們仰望天空，整個天空都是它的舞臺，綠色的極光開始舞動起來，先是變化造型，從緞帶變成布簾，然後像貓、像心，像好多東西，又什麼也不像，就是光的舞蹈，飄忽不定。這光也不只一種綠色，有亮綠、清綠、黃綠、矇矓綠、霧狀綠，甚至在不同層次的綠中，還可以看到淺紅、淡紅、深紅、淡紫、醬紫色。

曾經有一度，整個天空都被極光包覆住，本來黑暗無月的天空，變得絢麗燦

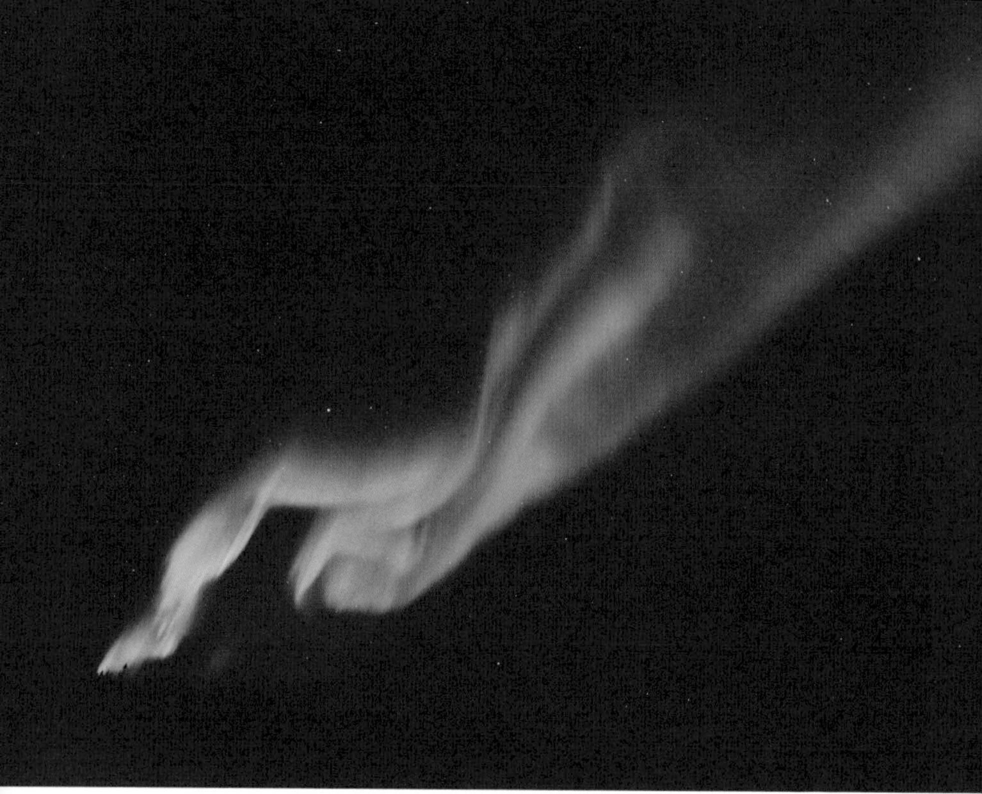

第一天晚上看到的極光

爛，靈動舞耀，我們整個看傻了，完全不是過去任何一次天文觀賞的經驗可以相比。

經過兩個小時的光彩奪目，極光的磁力終於耗盡，慢慢退出天幕的舞臺，世界恢復黑暗寧靜。而我們的電力也耗盡了，心滿意足的開車回旅館。

第二天晚上，根據預報今晚的磁場很強。如果第一天晚上的預報不強，就可以看到那樣壯麗的景象，磁場很強的條件下，更是令人

期待。

我們來到同樣的地點，這次比較有經驗了，我們穿戴好禦寒衣物，將車子熄火，Robert先下車架設攝影器材，我則待在車內等待。此行能夠記錄下美麗的極光，都要感謝Robert的認真和用心，這些照片都是來自於他，我的手機只能拍下模糊的綠霧線，最後直接放棄，全心仰望天空，用心記下每一份感動。

「極光出來了！」Robert喊著。我一聽趕緊跳出去，果然，天光一片璀璨瑰麗，浩瀚神祕，飄忽不定。若世上有仙氣，此時此景，真的就是仙氣降臨了。

連續兩個晚上看到極光，而且維持這麼久，就像是抽到上上籤。當然，我們事前做足功課，算好春分日期，注意天氣變化，即使之前經歷忘了帶護照，以及暴風雪的延宕，最後還是得到美好的結果。之前聽到不少朋友說他們報名極光的旅行團，花了很多錢，可是都沒能如願，我們真的很幸運。

第三天晚上，Robert說想再去試試看。我們備齊大衣、帽子、圍巾、面罩、

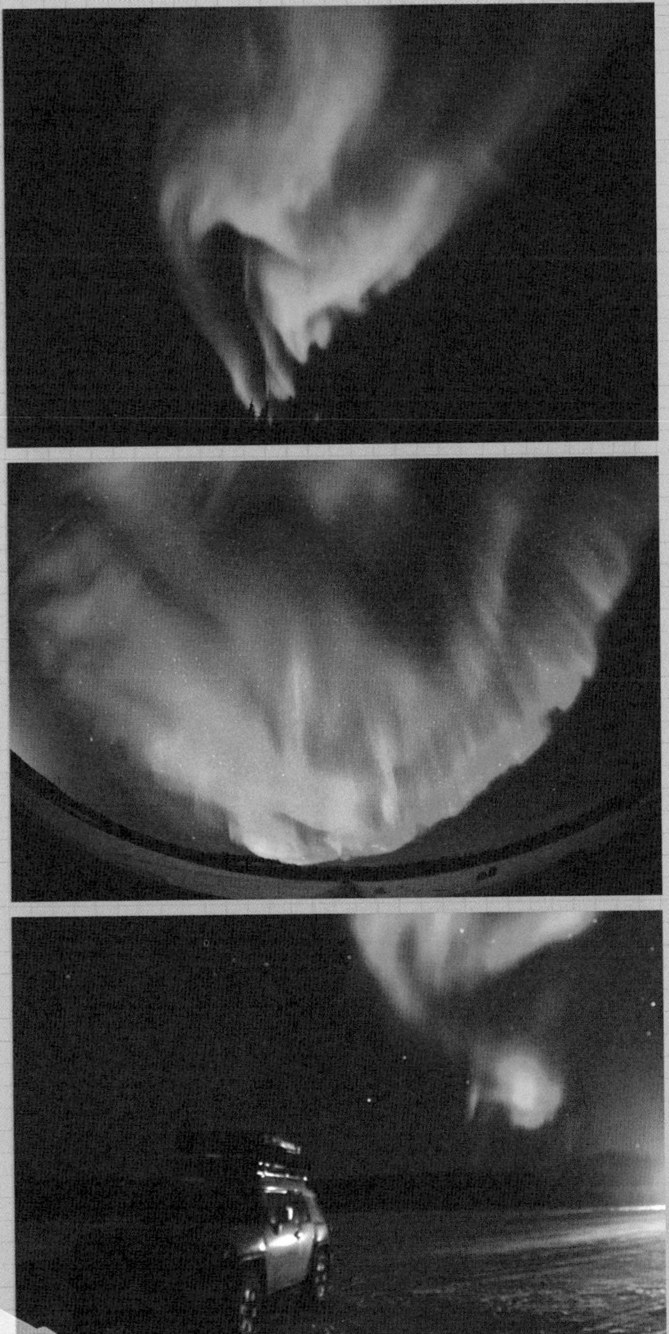
第二天晚上看到的極光

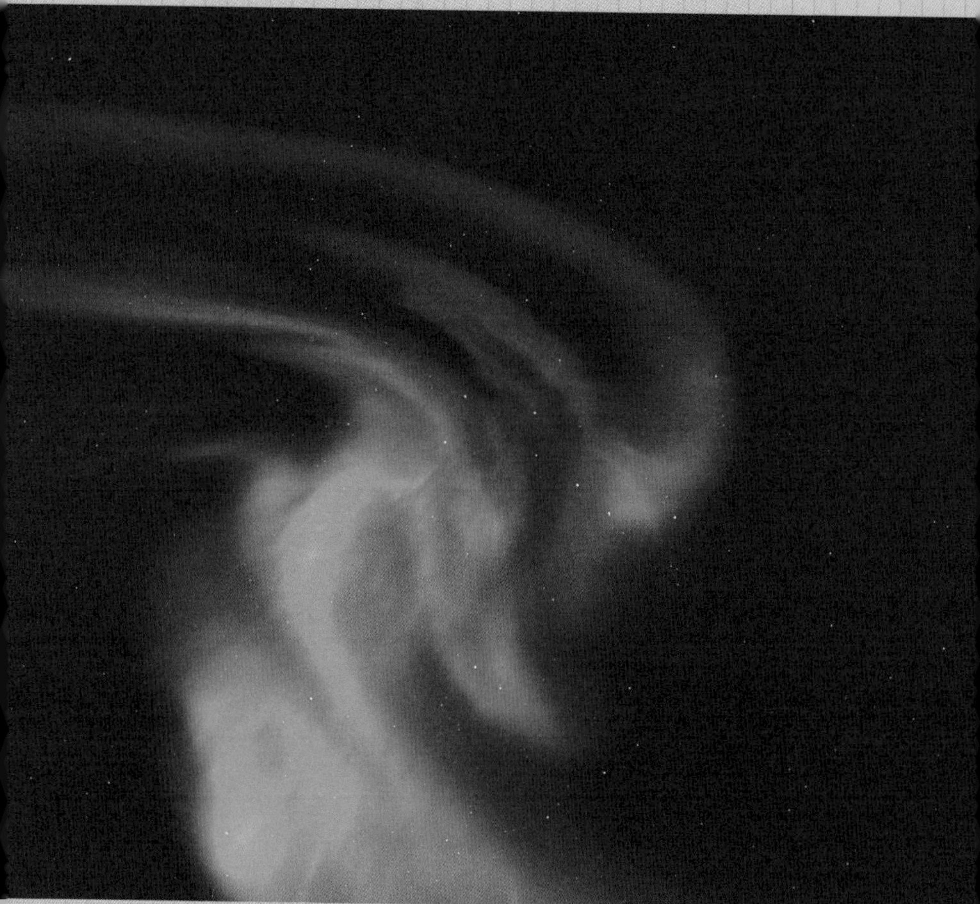

這張極光的模樣讓我想起小時候
看過的電影──《異形》

靴子、襪子、毛衣、毛褲，再度出發。

來到同樣的地點，車子熄火後，穿戴上全部的家當，我在車子內等待，他去架設相機。車內沒有暖氣，但是全身包得緊緊的，一陣睡意襲來，我忍不住閉起眼睛小寐。

連續兩個晚上看極光看到凌晨三點才入睡，白天又捨不得待在旅館睡覺，還是安排了活動，年紀一大果然不能熬夜，才幾天就撐不住了。

「極光又出現了！」Robert 敲敲車門。我睡意正濃，瞇起眼睛看著窗外，今晚的極光好像不是很明顯。

「我好累，想再睡會兒。」我說完又昏睡過去。

我可能是史上最奢侈浪費的一個人。多少人花了大把錢，大把時間，苦苦守候極光，卻不能如願，而我居然可以看到睡著！

「啊，真抱歉，我太累了，沒有出去陪你看極光，今晚的狀況如何？」回程

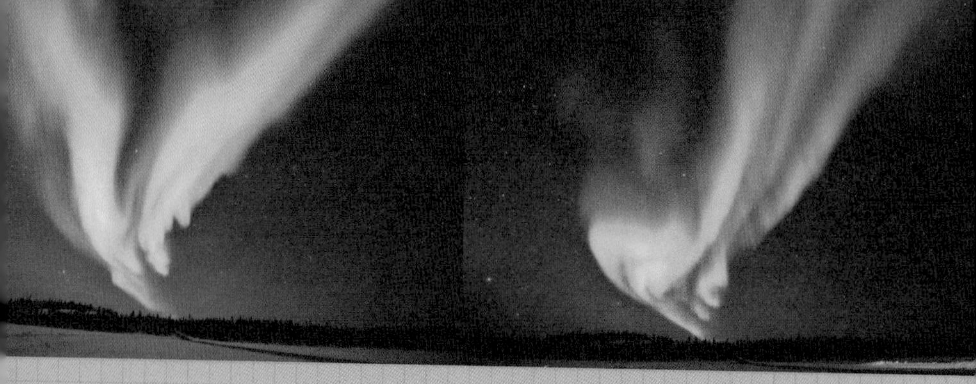

第三天晚上看到的極光

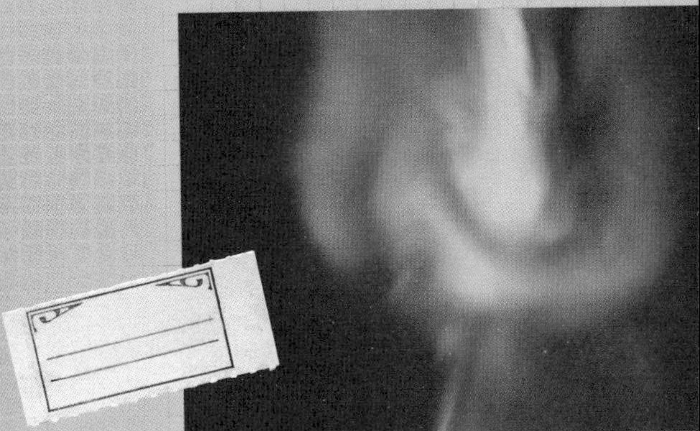

時我問 Robert。

「沒關係啦，前兩天比較壯觀，你沒有錯過太多。」Robert 安慰我。

可是等到隔天整理照片時，還是一堆美到不行，紅到天邊的極光，想到自己錯過這麼多，真是氣人。

半夜大卡車的祕密

我們來黃刀鎮的重點是看極光，並沒有對這個地方多做研究，所以白天沒有安排行程的時候，就隨意在城鎮內走動，沒想到這一走動，竟走出好多驚喜。

首先，我們愛上當地唯一的一個購物商場。

美國很多光鮮亮麗、名牌林立的大型商場，可是我和 Robert 都不愛逛街，對於商場完全無感，頂多偶爾幫家人買些當地點心當伴手禮。對我們來說，所謂的紀念品只是一時起心動念而產生的消費行為，並沒有增加我們的遊興。在前往黃刀鎮的旅程中，我們曾經投宿的旅館臨近北美最大的購物商城（沒有之一），一些當地人驕傲的建議我們去看看。我們也是毫無遺憾，心無旁鶩的從旁路過好多次，沒有一窺究竟的好奇心。

這次會進入黃刀鎮當地的商場，主要是我們入住的旅社沒有提供早餐，連咖啡都沒供應，於是每天早上前往這個走路就可以抵達的商場便成為我們的例行公事。由於賣早餐的地方沒有準備桌椅，外頭又冷得要命，當然只能邊逛商場邊吃了。

這商場既老舊又沒落，很多店鋪都沒租出去，只有幾間紀念品店。周圍治安也不好，到處有遊民閒晃，要錢鬧事，商場內隨時都有警衛駐守。當然也用不著寄望有什麼名牌服飾，所有在美加地區的知名品牌這裡統統都沒有！

但是，我們在黃刀鎮那幾天，白天吃完早餐後，都會忍不住在商場裡多待一會兒，因為我們喜歡上裡面一間舊貨店。

商場內的紀念品店

舊貨店的老闆跟店裡的東西一樣具有年紀，雖然身軀高大，但走在堆滿雜物的舊貨中卻十分靈活，不會掃到任何小物件。除了老先生外，還有幾個看起來是固定熟客的老先生和老太太，每天就坐在店裡，跟老闆和客人聊天。在跟他們聊天的過程中，我們聽到很多維基百科查不到的故事。

「你們去過冰道（ice road）了嗎？」在他們聽完 Robert 口沫橫飛，講述看極光的精采經驗，一個兩手戴滿戒指的缺牙老太太面帶微笑問。

那是一種當地人體諒的微笑，在這個一年有兩百多天可以看到極光的城市，聽著來自加州的美國人描述極光有多震撼，就像是我們去臺灣，臺灣人聽我們說，一出桃園機場就碰到下雨一樣的驚奇。他們懂得遊客的悸動，但是那不能成為他們的悸動，臉上的微笑來自他們的智慧跟體貼。在這個城市看到極光已經是他們生活的一部分了，包括這些來來去去的遊客們。

「沒有，我們只有晚上去看了極光，還沒有機會去別的地方。那是什麼？在哪？」我問。

「在冰城堡旁邊。」另一位禿頭老先生說，他的身材胖胖的，在西方人中比較矮小，「冰城堡是一年一度的冰雕大展，一定要去看看的啊！」他看我們不解的樣子忍不住搖頭，似乎對於我們的無知感到不屑，但同時又含有對自己家鄉的驕傲。

「那個冰道是在結冰的湖面上，規劃一條車子可以通行的道路。」舊貨店老闆說。

我和 Robert 驚訝的瞪大眼睛。我們光是在湖上滑雪和健行都會提心吊膽，直接把車子開上湖面？應該會有限重吧？我們的四輪傳動越野車一定超重，我一點也不想冒險。

「車子要開上去會有重量限制嗎？那應該是給一般轎車開的吧？我們的車比一般轎車重耶！」Robert 果然跟我有默契，有一樣的擔心。

只是他一說完，全部的人都大笑起來。我們兩人一臉茫然。

「你們的車再重，也不會比連結大貨車還重吧？」矮胖老先生笑得好開心。

連結大貨車開上湖面？不會吧！

「黃刀鎮本來是個產金的重鎮，後來金價下跌，礦區超支，負擔不了工人的工資，日漸沒落，二〇〇四年終於宣布正式關閉。之後，在黃刀鎮北方發現鑽石礦，鑽石礦帶來更大的經濟效益，這裡許多人都是在礦區工作的。」老太太摸著手上的戒指跟我們解釋，「礦區的開採需要探採和挖掘的機械，這些東西都很笨重，飛機無法運載，只能靠陸路，但這裡方圓百里都是湖泊沼澤地，夏天的時候一片水澤，只有趁冬天大小湖泊、沼澤，全部都被冰雪覆蓋，結成厚厚一層冰，人們把表層的雪鏟走，規劃成冰道，成為最佳的運輸路徑。」

我們兩個聽得一愣一愣的。

「你看看這個，」她熱心的把右手小指伸到我面前，「我兒子在礦場當工程師，工作人員可以用便宜的價格買裸鑽，這是他買給我的。」

老太太的言談中透露著一個當母親的驕傲，我對鑽石沒興趣，但還是可以感受到背後溫暖的親情。

「而且不是湖泊表面結冰就好，結冰的時間要夠久、冰層夠厚才能支撐那些卡車的重量。」老闆說，「這十個星期是重要的黃金期，所有大型機械的汽油都是靠連結大貨車日夜不停的在冰道上來回運載，等春天冰雪融化之後，就要靠飛機了。」

我猛然想起，半夜看極光時，一堆大貨車在路上奔馳，當時很納悶，不懂為什麼這裡的工人這麼賣力？原來是要在有限的時間中，好好把握冰的特性，為自己造路，真的是既聰明又勤奮的民族。

「我退休前在礦場當機械柴油工程師，」老闆回憶，「看到那些大貨車在湖上行駛很有趣，你站在岸邊，明明聽到車子轟隆隆開過來，可是卻看不到車子的身影。原來湖面的冰層並不是完全不動的，車子開在湖中央時，車子的重量會把湖面的冰層往下壓，導致冰層變形，人站在岸邊看不到車子的頂部，直到車子往岸邊開來，車子的頂部和車身才慢慢出現在眼前。」

兩個南國人好難想像這樣的情景啊！

「所以我們的車開在湖面上，也會讓冰層凹下去嗎？」我傻傻的問。

「不會。除非你們的車有載滿機械的連結大貨車那麼重！」胖胖老先生撇撇嘴，大概對我們這麼看「重」自己的車子很不以為然。

冰城堡和冰道

在他們的建議下，我們決定先去看看湖邊的冰雕城堡。想到要開上湖面，心裡還是毛毛的，但是一到現場，我就知道為什麼商場裡的老先生和老太太笑得那麼開心了。

城堡外的停車場停著大大小小的車，照片上這一大片「土地」，春夏的時候可都是湖水呢！這個冰城堡頗具規模，大家扶老攜幼，裡頭笑聲不斷，的確是個適合家庭進行半天小旅行的地方。

參觀完冰城堡，我們往南邊開，來到連接黃刀鎮跟德塔村（Dettah）的冰

冰城堡建得還算雄偉

城堡裡還有溜滑梯讓你從二樓溜到一樓，
照片上看到的白色之地都是湖面

冰城堡外的停車場

道。這條冰道長達六公里，橫跨大奴湖（Great slave lake）北邊的分支湖灣，夏天時冰道消失，兩個城市之間的行車距離就得要繞著湖邊公路開二十七公里。看著地圖上這條只有在冬天存在的道路，標示我們所在位置的藍點出現在湖中，感覺很奇妙。

之後我們比對前三個晚上看極光的地點，原來我們停車的地方，就是一座冰凍的大湖，難怪四周一棵樹都沒有，平坦又沒有遮蔽物。

冰道的產生是因應礦產的需要，讓超大型機械跟消耗量巨大的油料可以送到礦區。冬天湖水結冰時，他們先派出探勘車，用雷達和鑽洞的方式探查冰層的厚度。如果厚度夠，就會派出鏟雪車把上面的雪鏟走，開闢出一條路面，然後再把冰壓實。

在冰道上開大貨車是非常危險的事。貨車過重或超速會讓底下的湖水泛起波浪，引起冰層結構的破裂。輕則卡在冰裡，重則墜落湖中。如果墜落湖底，當地

Robert 展現男人的內力，一拳下去，把湖面的冰都震裂了

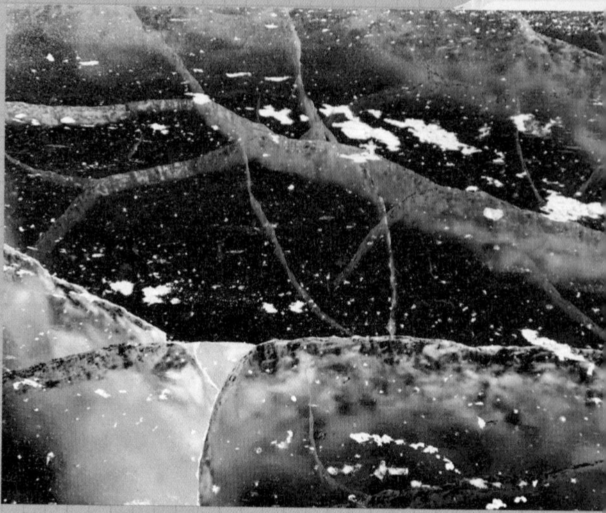

冰道上布滿裂痕

冰道上隨時有車子呼嘯而過，只有我們兩個從外地來的土包子，興奮的停車照相

嚴峻的低溫足以讓水快速結凍，把湖面洞口再度封住，所以就算逃出車外，浮上水面，也會再度被冰困住。

但是這十個星期可以拿到別人一年的薪水，所以還是很多人願意冒險工作，開著大貨車在冰道上來回奔走。

我們在這兩個城鎮之間走的這條冰道，比較像是當地人的交通便道，遊客出入也多，相對比較安全。冰道的中央部分，可能是因為車子來來去去，就算下雪也很難有積雪，在一片雪白湖面上可以看到一條湛藍的道路。這條路是兩個城鎮冬天的捷徑，車子來來往往，應該要遵守交通規則，可是要我遠遠看著這條深藍色的道路，就從上面快速經過那是不可能的！Robert 找個車子比較少的空檔，把車靠邊停妥，我們下車靠近細看。

近看這藍色的冰道感覺很驚心動魄，原來這大塊的冰不是一整片完整的，也不像玉璧一樣光滑無暇，而是比較像宋朝的哥窯瓷器，布滿許許多多的裂痕，而裂

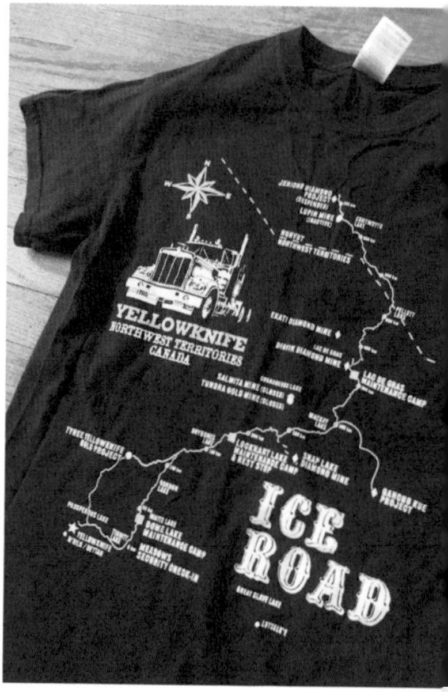

太著迷這些冰道的我這次破例，買了印有冰道地圖的 T 恤

痕底下就是深不見底的湖水。雖然知道這是一條普通的冬季便道，但是心理上總是覺得裂痕代表破損和不完整，一旦施加外力過大的話，就會崩壞、墜落，沉入深深的湖底。

但我同時又對這些裂痕感到著迷。一大片的冰層原來這麼美，大自然在冰上刻劃的線條，冰層裂縫間的紋理，是這樣變化多端，冰的透明性更是增加一種晶瑩清澈，潔淨深沉的美感。

之前在《華氏零度》，黃石公園的溫泉旁邊特殊角度的冰柱，大堤頓國家公園從屋頂到地面的冰柱，還有在這趟旅行傑士伯國家公園從天而降的瀑布冰柱，山崖壁洞上羽毛狀的冰晶，以及現在大奴湖的冰層裂痕，同樣是水遇冷凝結成固體，可是變化居然這麼多樣，造型這麼華麗精采，實在令人驚豔。

野生動物

我們曾在黃石公園追尋野生動物的蹤跡，當時也沒有讓人失望的看見許多動物。在前往加拿大前，我們幻想著這裡人煙稀少，沒有人為干擾，野生動物一定更多！

可是令人失望的是，這趟旅行我們並沒有遇到很多動物，八成是加拿大幅員遼闊，動物們沒有必要出現在有人煙的地方。心裡當然不免失望，但是同時也慶幸牠們得以在沒有人為干擾的地區自由活動。

我們在傑士伯國家公園看到一隻加拿大馬鹿，一隻母麋鹿帶著小麋鹿，一隻美洲野牛，一隻灰躁鴉，還有一群白尾雷鳥（willow ptarmigan）。

加拿大馬鹿在美國的大堤頓國家公園可是成群結隊的出現，沒想到來到加拿大只見到一隻，不過這隻公鹿的角卻是我們見過的馬鹿中最雄壯漂亮的。好吧，加拿大以質取勝！

白尾雷鳥一定要好好介紹一下，牠們實在太可愛了！全身白得像是要融進雪堆裡，腳上布滿厚實的絨毛，走起路來左晃右晃，又不怕人，我可以近距離用手機拍照。這些鳥是松雞家族，別看牠們雪白的羽毛沒有一點色彩，春夏的時候就會換毛，變成灰色、棕色，或有帶斑點的毛色。是這趟旅行中，最讓我印象深刻的野生動物。

母麋鹿。牠們不會主動攻擊人，但是太靠近，威脅到小麋鹿，還是會出現攻擊動作的喔！

灰躁鴉。沒有炫麗的羽色，但人家可是經全國票選，高票當選的加拿大國鳥

在加拿大僅見的那隻漂亮公鹿

胖嘟嘟，模樣可愛的白尾雷鳥

白尾雷鳥不怕人，可以近距離拍照

船屋的最後一夜

我們在旅館住了三晚，在跟旅館老闆溝通時，Robert又不死心的再問一次，想問老闆知不知道附近哪裡有可以露營的地方。老闆的回答跟遊客中心一樣，冬天都關閉了。不過他在對岸有個船屋，可以讓我們借住一晚，只收五十加幣（相當於臺幣一千多元）。

旅館主人說船屋就在對岸，可以用雪上摩托車帶我們過去，不過Robert有不同的想法——大家現在應該很熟悉他的模式了——他建議我們用類似重裝越野滑雪（backpacking skiing）的方式前往對岸。也就是把這兩天要用的水、食物、簡單鍋具、餐具、睡袋，還有他的照相裝備，整個背在身上滑雪過去。

夏天冰雪融化時，這間船屋漂浮在湖上，需要靠船接送才能往返。冬天可以靠雪上摩托車，不然就是像我們這樣滑雪或走路。現在湖面凍結，船屋也被固定

滑雪來到湖上的小屋

在冰中，但是臨山面湖的離世感還是讓我們一見就喜歡。

我們背起裝備，大約滑了半小時才到對岸，船屋並不新穎，裡面的家具設備都看得出歲月的痕跡，但是有股懷舊的味道，其中最吸引我的，就是船屋正中央的古董爐臺。橫立圓筒狀的鍋爐有個小門，打開裡面可以放入木柴，鍋爐運作燃燒的時候，即使是寒冬也會熱到讓人想開窗戶。鍋爐上方有塊像砧板的大鐵板，若要煮水，鍋子可以放在上面。

船屋裡面沒有電沒有水，但是有個小煤油燈，增添不少復古氣氛。天色漸暗，我們點起油燈，用熱水煮了泡麵，配著肉乾、麵包跟當地超市買的水果，感覺寧靜、簡單、實在。

在黃刀鎮的最後一晚，應該要用什麼餘興節目做結尾呢？

繼續看極光！

之前三晚，我們都要開半個小時的車才能到郊外沒有光害的湖邊看極光，半小時也不是多遠的路程，我們都從美國南加州開到加拿大北方，去計較這半小時聽起來很詭異，但是在極冷的戶外仰頭看天空兩個小時後，還要再開半小時的車才能回到有暖氣的地方真的很煎熬。這晚住在船屋，打開門就是廣大的湖面，就是沒有建築物遮蔽的天空，實在太方便了！說不定打開窗戶就可以看到，那就連外套都不用穿了！

鍋爐上面很燙，可以熱麵包，也可以煮開水

爐火可以取暖，同時上面可以煮食，
我很喜歡這個古董鍋爐

Robert 開爐生起火來

但我的如意算盤總是打得不夠精。

「極光出來了！」Robert 打開大門走到外面。不用花半小時開車，也不用在沒暖氣的車上苦等，打開門就可以看見極光的感覺真好。

「太好了！」我衝到窗戶邊，打開窗簾。

只有湖對岸的燈光，沒有極光。

「瑞塔多！在船屋的後面啦！懶鬼。」Robert 把手套、圍巾和帽子丟給我。

「不用，我站在門外看一下就好。」我說。

「都穿上，我們滑雪出去看。」Robert 一邊把滑雪裝備準備好一邊說。

「為什麼？」我呻吟。

「最後一晚了，你真的要放棄一邊欣賞極光，一邊滑雪的經驗嗎？」Robert 說，「隨你，你可以待在溫暖的屋內，我要去滑雪了。」

可惡，每次都來這招！

極光下滑雪

極光與船屋

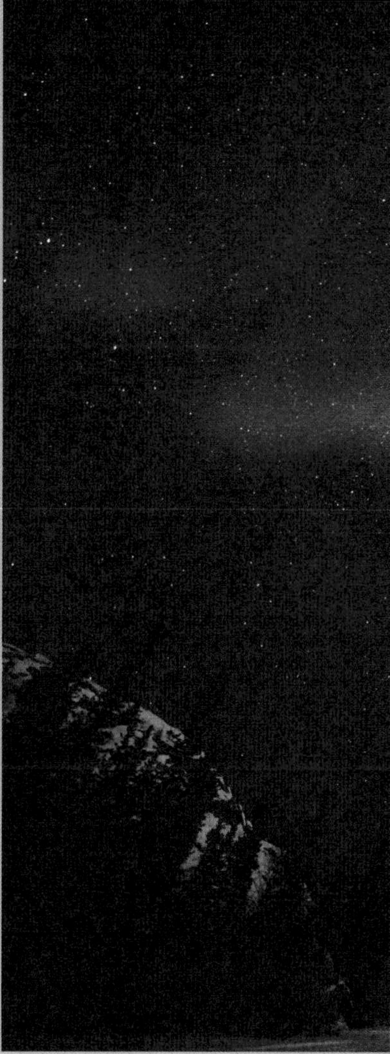

連著四晚看到極光

我咬著牙，把滑雪裝備整個再度穿上、戴上、套上，在極光的照映下滑向湖心。誠實的說，那真的是不一樣的體驗。雖然我們連續看了好幾晚的極光，但再次看到還是一樣震撼。我們兩個人的身影在湖面上滑行，極光在天上舞動，溫暖的船屋在不遠處等著我們，沒有比這個更完美的句點了。

連續四天晚上都看到極光，每天的經驗都不同，初相見的動心，再相見的傾心，即使看極光看到睡著，也是日後可以拿出來自嘲的笑談。我望著天空，想著這一生所得到的福澤和恩典，心中滿滿。在船屋看極光是這趟旅行最後的亮點，結束這趟旅程後，我們回到加州，不同的旅程也在眼前不斷展開。

蘿蔔老師的天文教室

日食大解密

在上一堂課裡，我簡單解釋了日食現象，但想要更深入了解日食，就必須認識月球的陰影，以及當陰影落在地球上時，地球、太陽、月球三者的運行關係為何。

月球的陰影在太陽的照射下是恆久存在的，從月球本體向外延伸進入太空之中。如下頁圖一所示，月球的陰影可分成三部分：本影、偽本影、半影。

其中本影最暗，形狀呈圓錐狀，而偽本影則是從本影的尖端開始，也是呈圓錐狀向著太空往外延伸。從月球到本影的最尖端，比月球到地球平均距離還短 3,500 公里，所以月球要運行到比較接近地球的位置，本影才會落在地球上。

月球跟地球之間的距離決定了日食不同的樣態。當觀察者位於本影中，以直線距離遮住太陽的月球，在視覺上看起來比太陽大，所以觀察者看到的是日全食現象。對於處在偽本影中的觀察者來說，月球依然在太陽的正前方，但是視覺上比太陽小，所以看到的是日環食，月球外圍有一圈太陽明亮的光環。而當觀察者在半影中，月球不會出現在太陽的正前方，它遮蔽了太陽的一部分，看到的就是日偏食現象。

但是，不同形態的日食究竟是怎麼形成的呢？

月球的陰影落在地球上形成日食，但月球繞地球公轉的軌道並不是我們想像中的完美正圓形。這個軌道實際呈橢圓形，月球最靠近地球時的點（perigee，近地點），比平均距離還

圖二

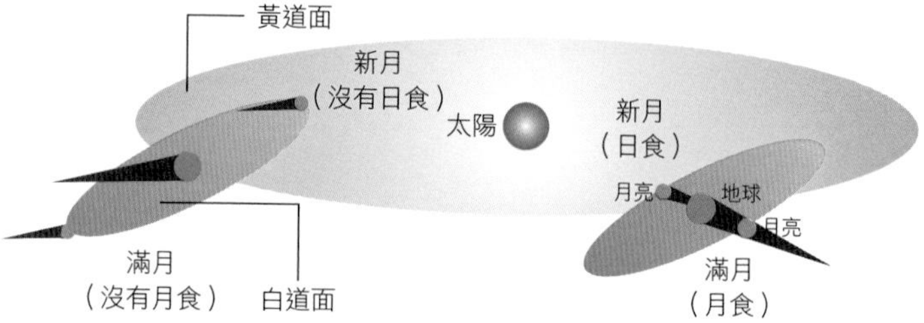

我們也不會看到日食。同樣在一年之中，有兩個時段會發生日食，我們稱之為「食季」，食季大約相隔六個月，分別發生在新月經過黃道面的上升點和下降點。

但是，攤開過往日食的紀錄就會發現，日食的頻率並非相隔六個月這麼精準，每一年日食的時間都有差異。這又是為什麼呢？因為月球的運行比上面所說還要複雜，月球繞地球的軌道本身會晃動，物理名詞叫「進動現象」，天文學上稱「歲差現象」，這些變數造成每一年日食發生的月份都不盡相同。

現在我們知道，日食發生在新月，而且是發生在每年的兩個食季，也就是當新月落在黃道面上，介於太陽跟地球的一直線中。在近代，可觀察到的日全食現象，最長的維持時間超過七分鐘，但那是很少見的。在二十一世紀中，總共發生六十八次日全食，其中兩次超過六分鐘，但是沒有一次超過七分鐘。要達到特別長的日全食需要滿足三個條件：新月、月球落在黃道面上，最後還必須在近地點上。

我剛剛為什麼特別說「在近代」？因為月球的軌道一直在改變，離地球越來越遠，也越來越接近正圓。在我們有生之年雖然看不到，但是在很久以後的未來，月球的本影將最後一次落在地球上，那將會是我們看到的最後一個日全食。在那之前，讓我們一起先欣賞二〇二〇年六月二十一日，發生在臺灣嘉義的日環食吧。

圖一

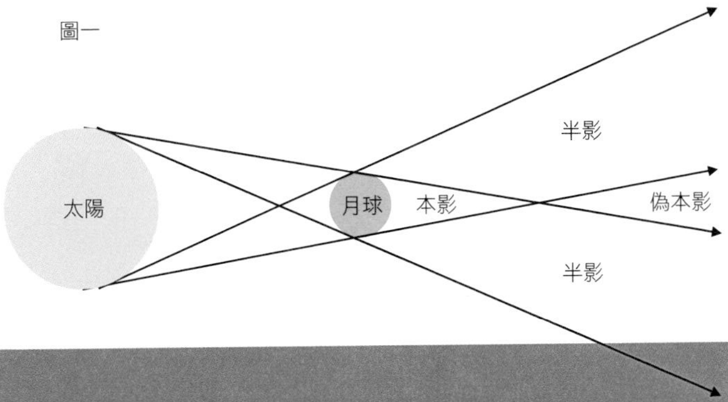

短 21,000 公里，月球距離地球最遠時的點（apogee，遠地點），比平均距離還長 21,000 公里。先前提到，從月球到圓錐本影的最尖端，比月球與地球的平均距離還短 3,500 公里，所以當日食發生在月球行走到軌道的近地點時，在地球上可以看到日全食，如果日食發生在月球繞行軌道的遠地點時，在地球上看到的便是日環食。

在了解不同日食樣態的成因後，接下來探討日食發生的頻率。我們知道日食在新月時發生，但之所以不是每個新月都可以看到日食，是因為另外一個重要的運行週期的影響。地球繞行太陽的軌道可以形成一個平面，我們叫它黃道面；而月球繞行地球公轉的軌道所形成的平面，則是白道面，白道面和黃道面之間有個 5.1 度的夾角（圖二），如果在太陽跟地球之間畫一條直線，這條線永遠落在黃道面上。假設，月球繞地球公轉的軌道也在黃道面上，那每個月的新月我們都會看到日食；但事實是，月球繞行地球公轉的過程中，有一半的時間是在黃道面的上方或北方，另外一半的時間則是在黃道面的下方或南方。一個月裡，月球會經過黃道面兩次，一次是從南往北（上升），一次是從北往南（下降），月球經過黃道面的這兩個點，就叫上升點和下降點。

一年之中，有十二到十三個新月。大部分新月發生時不在黃道面上，此時太陽照射月球所形成的陰影就不會落在地球，

後記

這是我的第二本旅遊書，跟前一本書一樣，我用文字跟攝影傳達旅途的心情，除此之外，這次也加入了三張我的藝術創作。很多人知道我原本是藝術研究所畢業的，這幾年致力於文字的創作，繪畫的時間減少了，但是在我心裡，繪畫永遠是我很重要的一部分，它也是表達我的想法，記錄我的旅行的媒介之一。因此，在書中我介紹了三張素描，分別來自旅程中的三個片段。雖然書裡有許多照片，但是畫作與照片的呈現方式還是有很大的不同，畫作經過藝術家的手，呈現的不僅是鏡頭下的世界，還有更多的是藝術家眼裡、心裡的世界，是經過沉澱，構思後的再創作。

這兩趟旅行，地點在兩個不同的國家，時間在兩個不同的季節，一個白天，一個晚上。但是我把它們放在這本書裡一起敘述，除了兩趟旅程都是天文觀察，都是跟太陽有關的旅程外，這兩趟旅程在我生命也占有重要的地位。

日全食之旅後，我面臨巨大改變，失去很多重要的東西，憂鬱再度悄悄爬上身。這些失去推擠著我，讓我一度無法在美國繼續生活下去，但 Robert 陪我一起面對各種困難，而兩趟的追日之旅，不僅最後看到日食，在過程中，每個決定的細節，每個轉彎的改向，讓我們更了解對方的想法，也穩固了我們對彼此的感情，對生命的態度。這些經驗讓我們決定一起生活，我不需要被迫離開了。兩人相遇相識是一回事，能不能持續相處，或是在柴米油鹽的平凡中見證不平凡那才是真考驗。

我們住在一起半年之後安排了極光之旅，如前文所述，在旅程中我們訂下婚約，沒有豪華的場景，沒有昂貴的首飾，只有簡單的初心。我們後來還在黃刀鎮這個過去產金的地方選了婚戒。礦場因為經濟效益關閉，但是地下埋藏的金子依然還在，沒有因為外在的變遷而改變了它的光芒跟價值。我喜歡這樣的象徵，在紛擾的世界中，許多人事物因為不同的理由在你的生命中出現、消逝，但是我們可以找到心中寶貴的黃金，有形的，無形的，陪伴我們一起走下去。

我和 Robert 都曾經在之前的婚姻中跌跌撞撞，但是也都各自在反省中讓自己更勇敢。相遇是機緣，但是我們都是願意說好，願意再嘗試的人，何其有幸，我們也是頻率相同，個性相似的人。日食是太陽從圓到虧，再從虧到圓；極光是太陽電子，在週期中循環的由強變弱再變強，這兩個天文景象彷彿也是在昭告世人，世上之事終有盈虧，不求事事圓滿，只求經歷過這遭。

懂得珍惜的人是幸福的人

文／謝博明 **Robert Schafer**

我常常在臉書上觀看留言好練習我的中文。最近，在我們的編輯幼婷的生日貼文上，我看到她寫的：「祝福我們都不會忘記自己所擁有的，不管生活是好是壞，都能珍惜過去、現在、未來的每一天。」郁如的回應是：「懂得珍惜的人是幸福的人。」我了解到，這個簡單但是富含深遠意義的的句子其實就是我們的生活寫照，就是我們的情感連結。看到郁如這麼清楚的陳述出來，更是讓我再度體會到我對這個特別的女子的特別的感情。郁如在這本書中，除了記錄兩趟精采的旅行外，還提到我們決定結婚的心境，所以我也利用這篇文章，跟大家分享我如何第一次在這個女子身上看到她的美麗特質，這也是我的心開始融化、墜入的時刻。

我在最後一年的教書生涯時認識郁如。當時我常常在週末或晚上幫學生改作業。在一個秋末的週日早上，天氣晴朗，陽光從湛藍的天空灑落大地，四周一片明亮。我在後院的石榴樹下擺了桌椅，透過層層石榴葉落下的斑斕日光，一邊批改學生的作業，一邊吃著熱騰騰的中餐，同時聽著筆電播放的〈帕格尼尼第一號小提琴協奏曲〉。多美好的星期日早上！我當時並不知道，那個樸實無華的當下，將開啟一扇通往不同未來的門。

環繞著我的豐盛石榴果實一直是仿聲鳥的最愛，她們如天籟甜美的鳴叫聲從樹梢上傾瀉下來，迴盪在空中，與帕格尼尼的一段獨奏纏繞，曲調和諧美妙，把這首經典曲目妝點得更美好。我忍不住拿起手機，錄下動人的鳥聲琴曲合鳴，放在臉書上與朋友分享。

那則貼文下有幾個朋友留言，其中一個來自郁如，在那之前我們只在跳舞的場合見過面，我對她感興趣，但沒有機會聊天或進一步認識。當我看到她的留言，勾起心中某種情緒，決定傳訊息給她，也開始有更進一步的對話。我可以感覺到，郁如能觸摸我心底深層的感動，同時她也是一個能敞開心胸，為天地間的自然恩典而感動的女人。在第一次邀請她跳舞時，落在心裡的那顆種子，終於在陽光中燦爛萌芽，形成一片巨大的樹林。我也深深的意識到，我墜入這片愛情的森林中。

在邁入交往的第四年裡，我可以誠摯的說，我們相處的每一天，生活中充滿了讓我們駐足、驚喜、詠嘆的片刻。這種對生命及生活的摯愛，也滿滿的注入我們的旅行方式中。我們會花時間在計畫之外的新發現，我們會嘗試一些沒走過的鄉間小路，我們會在鍾愛的地點徘徊不去，就像郁如書中描述，即使整個城鎮都沒有旅社房間可入住，我們也願意穿越湖泊，在湖上的船屋度過一晚。

旅行對我們來說，是跟這個世界最親密的連結。當我們一起站在山頂，眺望著月亮從太陽前面走過，這不僅滿足了我們的夢想，更是跟宇宙星體奇妙的體驗，讓我深深體會到在時間跟空間的洪流中，人類只是滄海一粟。而當我們在寒冷的北極冬夜的凍湖中央，仰望絢爛的極光在天上歡舞，只有一盞小小的露營燈引導著我們回船屋，我感覺我們掙脫出溫暖狹小的蝸居生活，張臂擁抱這無窮無邊、巨大無盡的宇宙世界。在「追日」和「逐光」兩段壯麗奇妙的經歷中，我們曾無數次停下腳步欣賞其他大小景點，儘管限於書本篇幅不能全部納入，但是感動一一在心裡。

三年來，我們累積了上萬英里的自駕旅程，收集了無數的美好記憶，這些都是來自石榴樹下的交心分享。最近我們的生活面臨許多挑戰，但是今天就像過往的每一天，我們依然可以遇見美麗的事物，珍惜每一個當下。此時郁如窩在沙發上，開始打造新的奇幻系列故事，而我在這裡為《追日逐光》寫下這篇文字，兩人共享一杯來自後院、新鮮豔紅的石榴原汁。我看著壁爐的火焰跳動，起身加了一些乾柴，然後再度窩回沙發上，緊靠著我的太太，無限的感恩之情湧上心頭，我深深體會到：「懂得珍惜的人是幸福的人」，也衷心希望讀者們能用眼睛感受世界的美，用心珍惜世界的好。

少年天下系列 ——————————————— 058

陳郁如旅行風景 2：追日逐光

作　　者｜陳郁如
圖文協力｜謝博明 Robert Schafer

責任編輯｜李幼婷
視覺設計｜ BIANCO TSAI
行銷企劃｜吳邦珣

天下雜誌群創辦人｜殷允芃
董事長兼執行長｜何琦瑜
兒童產品事業群
副總經理｜林彥傑
總編輯｜林欣靜
主編｜李幼婷
版權專員｜何晨瑋、黃微真

出版者｜親子天下股份有限公司
地址｜台北市 104 建國北路一段 96 號 4 樓
電話｜（02）2509-2800　傳真｜（02）2509-2462
網址｜ www.parenting.com.tw
讀者服務專線｜（02）2662-0332　週一～週五：09:00~17:30
傳真｜（02）2662-6048　客服信箱｜ bill@cw.com.tw

法律顧問｜台英國際商務法律事務所・羅明通律師
製版印刷｜中原造像股份有限公司
總經銷｜大和圖書有限公司　電話：（02）8990-2588

出版日期｜ 2020 年 3 月第一版第一次印行
2022 年 4 月第一版第二次印行
定　　價｜ 380 元
書　　號｜ BKKNF058P
I S B N ｜ 978-957-503-556-3

訂購服務 ———————————————
親子天下 Shopping ｜ shopping.parenting.com.tw
海外・大量訂購｜ parenting@cw.com.tw
書香花園｜台北市建國北路二段 6 巷 11 號　電話（02）2506-1635
劃撥帳號｜ 50331356　親子天下股份有限公司

立即購買 >

國家圖書館出版品預行編目（CIP）資料

陳郁如旅行散文 . 2 : 追日逐光 / 陳郁如作 .
-- 第一版 . -- 臺北市 : 親子天下 , 2020.03
208 面 ;14.8x21 公分 . -- (少年天下系列 ; 58)
ISBN 978-957-503-556-3(平裝)

1. 旅遊文學 2. 世界地理

719　　109000857